쿠바를 찍다

쿠바를 찍다 © 이광호 2006

1판 1쇄 2006년 7월 10일 | 1판 4쇄 2024년 1월 2일
사진·글 이광호 | 펴낸이 김정순 | 기획·책임편집 변경혜 | 펴낸곳 (주)북하우스 퍼블리셔스
출판등록 1997년 9월 23일(제406-2003-055호) | 주소 04043 서울시 마포구 양화로 12길 16-9(서교동 북앤빌딩)
전자우편 editor@bookhouse.co.kr | 홈페이지 www.bookhouse.co.kr
전화번호 02-3144-3123 | 팩스 02-3144-3121
ISBN 89-5605-155-0   03660

쿠바를 찍다

사진작가 이광호의 쿠바 사진여행

북하우스

Prologue 쿠바, 그 매혹

여행에서 가장 중요한 것은 끌림인 것 같다.
쿠바로의 끌림이 너무 강렬해서 나는 한동안 잠을 못 이루곤 했다.
쿠바에 간절히 가보고 싶었고 그들과 같이 호흡하면서 느끼고 싶었다.
이 책은 그들에게 마음으로 다가간 기록들이다. 머리보다는 가슴으로 담아낸 사진과 글들이다.
그들은 나에게 진실하고 순박하게 마음을 열어주었다.
나처럼 여행과 사진을 사랑하는 누군가가 봐주었으면 하는 마음으로,
나처럼 쿠바로의 강한 끌림을 지니고 있는 누군가가 봐주었으면 하는 마음으로,
부족한 글과 사진을 책으로 펴낸다.

늘 혼자 훌쩍 떠나는 나를 이해하고 믿어주는 소중한 나의 아내 경아, 여행 떠나는 날 아침이면 양 볼에 뽀뽀를 해주며 기운 나게 해주는 두 아들 원석과 규헌, 늘 염려하며 챙겨주시는 용인 부모님과 잠실 부모님, 나의 방랑벽을 응원해주는 친구들, 책이 나오는 데 도움이 되어준 대학원 동기들, 그리고 애써주신 출판사분들께 마음으로 감사를 전한다.

특별히, 전 세계를 떠돌며 사람들을 만나고 사진을 찍으며 살아갈 수 있도록 건강한 몸과 마음을 주신 아버님과 어머님께 이 책을 바친다.

차례

프롤로그 쿠바, 그 매혹 _ 4

1 사진여행, 이번에는 쿠바다
쿠바를 꿈꾸며 10
사진여행을 떠나기 전에 16
흑백으로 찍을까 컬러로 찍을까 18
흑백사진은 흑과 백만으로 이루어져 있지 않다 21
내가 삼각대를 가져가지 않는 이유 22
여행을 위한 준비는 언제나 여행보다 더 매혹적이다 24
내 사진여행의 시작 28
쿠바에서 이런 사진은 찍지 말아야지 30
내가 쿠바에서 찍고 싶은 것 32
지구는 작은 별이 아니다 36

2 아바나와 말레콘, 꿈꾸던 풍경 속으로
드디어 쿠바다 40
민박집 주인 오스카 48
아바나에서 찍은 첫 사진 50
말레콘과 크리스털 맥주 52
말레콘은 쿠바인의 놀이터 58
페드로 아저씨 66
쿠바의 탈것들 68
민박집 식구들 72
쿠바의 연인들 76
구두수선공 82
아바나 대학의 파파라치가 되다 88
아바나의 밤거리를 걷다 92

3 살사와 음악의 나라에 빠져들다
살사를 배우다 96
살사 선생 조지 100
소파를 얻다 102
영국인 아가씨 캐서린 104
아바나 카페 108
쿠바 뮤지컬은 모두 해피엔딩이다 112
부에나 비스타 소셜 클럽 114

4 이야기가 담긴 여행사진
함께 호흡하고 느끼는 사진을 찍기 위해 120
마음은 비우고 여행은 즐기기 128
내가 사랑하는 골목길 풍경 130
아이들의 표정 140
아바나의 명물들 146
쿠바에서 만난 한국 152

5 순박한 웃음의 도시 비날레스
비날레스 가는 길 162
순박한 웃음의 도시 164
메리와 트로이 172
수염을 깎다 178
바라데로 182

6 항구도시 산티아고데쿠바
산티아고데쿠바에 도착하다 194
길에서 만난 사람들 198
체 게바라가 처음 상륙한 그곳 210
파블로와 레르망 형제 212
오토바이 타고 동네 한 바퀴 216
굿바이 마미 222

7 동화 같은 도시 트리니다드
동화 같은 도시 228
쿠바의 결혼식 234
골목골목 걷고 또 걷다 237
시엔후에고스를 거쳐 다시 아바나로 246
아바나를 떠나며 254

에필로그 도착, 그 후 _ 256

1 사진여행, 이번에는 쿠바다

쿠바를 꿈꾸며

사람들은 묻는다. 왜 쿠바였느냐고. 어느 날 눈을 뜨니 문득 쿠바가 가고 싶었다,라는 건 거짓말이다. 그렇다고 충동적인 여행은 아니었다. 영화 〈부에나 비스타 소셜 클럽〉을 보면서 쿠바에 대해 희미하게 가지고 있던 이미지가 구체화되었다. 진한 색채의 영상, 영혼을 울리는 음악은 쿠바를 더욱 보고 싶게 만들었다. 〈모터싸이클 다이어리〉에서 보여진 거친 듯한 자연은 더욱 내 발길을 이끌었다. 준비기간이 유난히 많이 소요된 탓인지 다른 여행지에 비해 쿠바에 대해서는 더 애절했다. 1년 동안 쿠바로 갈 준비를 하면서 결심한 것이 있었다. 관광지는 가지 말자는 것이었다. 남들 다 가는 관광지나 돌아볼 생각이라면, 헤밍웨이의 집이나 체 게바라 박물관만 돌 생각이라면, 굳이 쿠바가 아니어도 되는 것이다.

나는 거리마다 부에나 비스타 소셜 클럽 수준의 밴드가 연주를 한다는 그 나라가 보고 싶었다. 살사와 시가, 럼과 음악이 넘치는, 마지막 사회주의 국가 쿠바. 누구나 갈 수 있다지만, 실제 가기에는 쉽지만은 않은 나라. 지구를 반 바퀴 가까이 돌아야 갈 수 있는 그곳. 언제나 사람들에게서 화두를 발견하던 내 사진은 북회귀선 바로 아래에서 사는 그들의 모습을 담고 싶어 목말라했다.

다녀온 후 환상이 깨어진 부분도 없지 않다. 그러나 뜨거운 애정을 가진 사람들의 훈훈한 입김이 아직도 나에게 남아 내 시간을 풍요롭게 만들어준다.

사진여행을 떠나기 전에

이번 여행은 사전에 준비기간도 길었고 몇 년간 벼르던 여행이라 마음이 벅차오른다. 게다가 이전에는 출발하기 전 잡지사들과 여행 후에 기사로 쓰자는 구두 계약을 하고 떠났는데, 이번 쿠바 여행은 사전에 어떠한 계약도 없이 혼자 기획하고 글과 사진을 전부 책임진다는 생각으로 출발한 여행이라 그간 진행하던 몇 페이지짜리의 간단한 기사와는 성격이 달랐다.

우선 카메라 선택부터 어려웠다. 35밀리 카메라는 휴대하기는 편한데 나중에 확대하려 할 때 항상 아쉬움이 있어 120밀리 필름이 들어가는 645 카메라로 정했다. 645 포맷의 카메라는 120밀리 필름을 넣으면 15컷이 촬영되고 기동적인 면에서도 35밀리 카메라에 뒤지지 않는다. 하지만 카메라 자체 무게가 꽤 나가고 줌렌즈가 없어 렌즈를 광각부터 망원까지 따로 휴대해야 한다는 점이 불편하다. 그러나 인화했을 때의 만족도는 35밀리에 비할 수 없다. 결국 645 포맷 카메라 한 세트, 휴대하기 편한 자동 카메라 중에서 노출이 보정되는 35밀리 카메라 하나, 이렇게 준비했다. 디지털 카메라는 편하긴 한데 찍을 때의 상황과 나중의 모니터와 인쇄 상태가 달라 선택하지 않았다.

사실 쿠바라는 곳은 디지털보다는 아날로그가 더 잘 어울리는 곳이다. 버튼 하나로 움직이는 카메라보다는, 다소 불편한 듯한 단계를 거쳐야 하는 아날로그 형태의 필름 카메라가 정형화되지 않은 쿠바의 자연과 사람들의 모습, 쿠바의 뜨거운 태양이 주는 나른함을 잘 표현해줄 것이라는 것이 나의 생각이었다.

필름 선택도 많은 고민을 했다. 이전 사진여행 때는 컬러와 흑백필름의 비율을 8대 2 정도로 하여 우선 컬러필름으로 진행하고 흑백필름은 나중에 현상과 인화를 하여 개인적으로 소장하는 것이 보통이었다. 그러나 이번 쿠바 여행은 반대로 진행하려고 기획했다. 그래서 흑백필름과 컬러필름의 비율을 7대 3으로 구입했다. 쿠바는 흑백이 잘 어울릴 거라는 느낌 때문이었다. 쿠바는 400년 동안이나 스페인의 지배령이었기 때문에 유럽의 영향을 받아 건축양식이나 건물의 색감이 주로 회색을 띠어 고풍스럽고 고즈넉한 느낌을 준다. 거기에 북회귀선의 강렬한 햇빛이 만들어내는 명암은 흑백으로 표현해야 더욱 강한 인상을 줄 수 있을 것이다. 물론 강한 햇빛으로 인해 컬러의 색감도 매우 뛰어나다. 그래서 쿠바는 흑백과 컬러가 모두 어울리는 곳이다. 사람의 감정이 여실히 드러나는 흑백필름과 시간의 흐름을 확연히 보여주는 컬러필름의 차이는 쿠바를 다양하게 느끼게 해줄 터였다.

흑백으로 찍을까 컬러로 찍을까

영화 〈부에나 비스타 소셜 클럽〉의 도입부를 보면 찬찬이라는 배경음악과 함께 파도가 부서지는 말레콘의 풍경이 나온다. 컬러필름으로 촬영된 장면이었지만 나에게는 흑백의 기분 좋은 톤으로 다가왔다. 그래서 나는 처음 기획 단계부터 쿠바는 흑백으로 표현해야겠다고 생각했고 여행에서 돌아온 후 내 생각이 맞았다고 느꼈다.

아바나에서 나의 하루는 말레콘을 산책하는 것으로 시작했다. 매일 지나가는 곳이었는데, 어느 비 개인 오후 물이 고인 웅덩이에 하늘과 구름이 반영되어 느낌이 새로웠다. 그곳에 또 다른 말레콘이 있는 듯했다. 늘 꿈꾸던 말레콘, 물웅덩이에 반영된 하늘, 400년간의 스페인 강점기를 보낸 그네들의 옛 시간을 잘 보여주는 스페인풍의 고풍스러운 건축물, 그리고 그 속에 녹아 있는 쿠바 민족 나름의 공간감…… 이 모든 것들을 카메라 뷰파인더 안에 다 잡아내고 싶었다.

흑백의 톤이 말레콘의 오래된 느낌을 잘 살려주는 반면 말레콘의 붉은 노을의 아름다움을 표현하기 위해서는 컬러필름 역시 필수적이다. 컬러로 표현된 말레콘은 차분하고 은은한 옐로우 톤이어서 나에게는 흑백의 톤만큼이나 기분 좋은 무채색의 느낌으로 다가왔다. 쿠바는 이상한 나라다. 컬러와 흑백이 절묘하게 어울리는 곳이다.

흑백사진은 흑과 백만으로
이루어져 있지 않다

보통 사람들은 흑백사진은 말 그대로 흑과 백만 존재한다고 생각한다. 그러나 사실 흑에서 백까지 가는 그 사이에 얼마나 섬세한 톤들이 존재하는지…… 그 섬세한 톤들을 얼마나 잘 살리느냐에 따라 흑백사진의 투명도가 결정되기도 한다.

존시스템이라고 부르는 흑에서 백까지의 열 단계 톤을 살리기 위해서는 현상에서 인화까지 세심한 주의가 필요하다. 열 단계의 흑백톤을 존시스템으로 표현하기 위해서는 현상과정에서부터 자신의 현상 데이터가 있어야 하며, 현상된 필름을 인화할 때에도 자신만의 데이터에 의존해서 인화해야 한다. 이러한 현상과 인화 과정을 거치지 않으면 아무리 애를 써도 흑에서 백까지 열 단계의 톤으로 펼쳐지는 섬세하고 맑은 흑백으로 표현하기 어렵다.

이 컷은 아바나에서 머문 민박집에서 막 돌아나오면 펼쳐지는 골목 안 풍경이다. 바닥에서부터 벽으로 이어지는 흑백의 톤이 흑에서 백까지 섬세하게 펼쳐지는 흑백사진의 결을 잘 보여주고 있다. 이 한 컷을 만들기 위해 열 장 이상 시험 인화를 했다. 그런 작업을 바탕으로 이 한 장의 사진을 얻을 수 있었다.

내가 삼각대를 가져가지 않는 이유

사진을 하려면 체력이 좋아야 한다는 말이 있다. 까짓 사진기 하나 들고 찍어대면서 무슨 체력까지 필요할까 싶겠지만, 사실상 그렇지가 않다. 야외 촬영을 하려면 적어도 사진기가 두 개 이상은 필요하고, 렌즈도 서너 개는 챙겨야 한다. 그것만 해도 무게가 7~8킬로그램이 넘는다. 그런데 필름도 20~30롤 챙기고 거기다 삼각대까지 지고 나가면 장비 무게만 10킬로그램은 거뜬히 넘어간다. 그걸 지고서 몇 시간씩 걸어 다니며 포인트를 찾고 서서 사진을 찍는 것은 속된 말로 노가다에 가깝다. 신문사 사진기자들도 10년 정도 일하다보면 직업병처럼 어깨나 허리에 무리가 올 정도이다.

쿠바에서 야경 사진을 많이 찍지 못한 이유는 삼각대를 들고 가지 않았기 때문이다. 외국에 나갈 때 나는 삼각대를 아예 챙기지 않는다. 거대한 삼각대를 지고 앉았다 일어났다 하기도 어렵고, 행동이 자유롭지 못해서야 사진도 자유롭지 못하다. 게다가 하루에 15~20킬로미터를 걸어 다니며 사진을 찍다보면 지치게 마련이다. 하다못해 껌 하나도 무겁다는 우스갯소리가 있을 정도다.

사진을 찍기 좋은 시간은 해뜰 때쯤부터 오전 11시까지, 그리고 오후 4시부터 해질녘까지이다. 이때가 빛이 가장 좋다. 사실 돌아다니면서 우연히 좋은 풍경을 발견해서 찍는 경우도 있지만, 대개는 포인트를 정해서 그 다음날 빛 좋은 시간에 다시 찾아가 찍는다. 이렇게 발품을 팔며 포인트를 정하고 다시 찾아가 찍다보면, 짐이 무거울수록 몸이 지치고 사진조차 지치게 된다.

인물 사진을 찍다보면 삼각대는 더더욱 필요가 없다. 삼각대까지 받쳐놓고 사진을 찍자고 덤비면 15도, 45도로 나란히 서서 어색하게 미소 짓던 수학여행 사진이 나올 수밖에 없다. 그래서 나는 과감히 삼각대를 버리고 사진여행을 떠난다. 사진여행의 특성을 감안한다면, 삼각대보다는 고감도 필름을 사용해서 촬영하는 편이 촬영의 효율을 높이는 방법이라는 것이 내 생각이다.

삼각대를 버리고 떠난 쿠바 사진여행. 쿠바에서 찍은 몇 안 되는 야경 사진 중 하나가 트리니다드의 밤 골목길이다. 트리니다드는 다른 도시에 비해 단층 건물이 주를 이루고 있어 여유롭고 한가로운 분위기를 더한다. 하루종일 카메라를 들고 걷고 또 걷다 민박집으로 돌아오던 밤길, 골목은 고즈넉한 분위기에 젖어 있었다.

여행을 위한 준비는 언제나
여행보다 더 매혹적이다

　　　　　　　　　　　　　　　1월 17일 오후 4시. 스페인 마드리드공항에서 쿠바의 아바나로 향하는 비행기를 기다린다. 여행을 많이 다녔다고 자부할 수 있지만, 떠나기 직전의 설렘은 언제나 변함없이 나를 흥분시킨다. 어느 순간에는 이때의 느낌이 여행지에서의 그것보다 더 강렬하다. 마치 정작 연애를 해서 상대를 만나고 있을 때보다 연애 시작 전 애타고 애쓰는 그 시간이 더 매혹적인 것처럼 말이다.

　　　　쿠바로 들어가는 방법에는 여러 가지가 있다. 흔히들 택하는 방법은 캐나다 토론토에서 에어캐나다로 아바나나 바라데로로 들어가거나, 멕시코의 수도 멕시코시티나 칸쿤에서 들어가는 방법이다. 하지만 나는 유럽노선을 택했다. 캐나다를 거칠 경우 영하 20도의 토론토를 이겨낼 겨울 채비를 해야 하는데 만만치 않은 짐의 무게가 여행을 힘들게 할 것이고, 치안에 문제가 있다는 멕시코의 요즘 상황도 마음에 걸렸기 때문이다.

　　　　사진 유학차 4년여를 보냈던 유럽이 일단은 편하게 느껴졌고 여행을 위한 준비도 더 철저히 할 수 있을 것 같았다. 유럽에서 쿠바로 가는 방법은 파리, 런던, 마드리드, 암스테르담 등 여러 경로가 있어서 구미대로 고를 수 있다는 점도 장점이었다. 특별히 마드리드에서의 출발을 결정한 것은 예전 스페인 여행의 좋은 기억 덕분에 푸근히 여행을 시작할 수 있겠다고 생각되어서였다.

　　　　보통 여행을 고려할 때 가장 먼저 밟아야 하는 절차는 항공권과 숙박을 해결하는 것이다. 어떻게 가고 어디서 자고 어떻게 돌아오는가가 결정되어야 마음 편히 몸을 움직일 수 있는데, 이번 쿠바 여행은 도무지 숙소 문제가 쉽게 해결되질 않았다. 사회주의 국가인 쿠바는 국민 개개인이 인터넷을 사용할 수가 없기 때문에 인터넷을 통한 사전 예약이 불가능하다. 쿠바를 소개하는 사이트를 찾아 현지인들의 민박집 주소를 복사하는 것이 할 수 있는 전부이다. 그러나 여행을 즐기는, 특히 패키지의 깃발을 따라 움직이기를 원치 않는 부류라면 이 정도의 미결정 부분은 그리 큰 걸림돌이 되지는 않을 것이다. 가장 큰 걸림돌은 의외로 비자 문제에 있다. 2004년 여름에도 쿠바 여행을 시도했다가 포기한 적이 있는데 비자가 나오지 않아서였다. 사회주의 국가는 공산주의를 연상하게 하고 이로 인해서 까다로운 절차가 예상되었기에, 아쉽지만 비자 거부에 대해서도 이해할 수 있었다. 그렇지만 우리나라가 아직 휴전국이라는 현실을 그때처럼 절감한 적 또한 없었다.

문득, 이태리 유학시절이 떠올랐다. 내가 한국인이라고 하니 자주 보던 트램 기사 아저씨가 '축구선수 박두익'을 외치며 엄지손가락을 세우면서 웃어주었다. 나는 그가 누군지도 몰랐는데, 알고 보니 1966년 영국 월드컵에서 이태리와 경기 때 골을 넣었던 북한 선수였다. 순간 가슴이 뭉클해지면서 '나는 분단국의 사람이구나'라는 생각이 들기도 했지만, 외국에서는 우리가 생각하는 것만큼 북한과 남한을 구분해서 생각하지 않는다는 것도 알 수 있었다. 여기에 한 술 더 떠, 담배가게 아저씨는 "나 너희 나라 안다"면서 "너희 나라는 왜 형제끼리 싸우니?" 하고 물었다. 대체 이게 무슨 말인가? 민족끼리 싸운다는 이야기인가? 아저씨가 이해한 한국은 이러했다. 김일성 주석의 아들 김정일 위원장이 왕위를 이어받아 북한을 다스리고 있고, 김일성 주석의 아들이나 형제로 보이는 김영삼 대통령이 남한을 다스리고 있다는 것. 그래서 형제가 싸우고 있는 것으로 생각하고 있었던 것이다. 유학 초기라 아직 말이 서투른 때였지만 어렵게 어렵게 상황을 설명하긴 했는데, 아저씨의 곡해를 완전히 바로잡았는지는 알 수가 없다. 단지 담배가게 아저씨의 결론만 생생하다. "형제가 가난해서 굶고 있다는데 도와주지 않으면 벌 받는다." 신문을 통해 북한의 어려운 실상을 알고 있었던 것이다.

이렇게 사회주의, 공산주의는 나에게 복잡하게 다가오는 개념이다. 쿠바는 사회주의를 유지하기 위해 40년이 다 되도록 미국에 경제 봉쇄 정책을 당하고 있다. 쿠바는 소련이 붕괴하기 이전에는 소련에 비싸게 사탕수수를 팔고 값싸게 소련의 원유를 들여와 화려한 날들을 보내기도 했다. 혁명가들이 창창히 칼을 세우고 사회 질서를 잡고 있기도 했고 말이다. 그러나 이제는 생필품이 부족해 학생들의 볼펜 한 자루가 귀한 나라가 되었다. 지금은 그저 외국인 관광객을 유치해서 돈을 벌고 그 돈으로 최소한의 생필품을 외국에서 사오는 상황이다. 이들은 원래 생산시설이 거의 없었고 지금도 생산시설에는 큰 투자를 하지 않는다. 그래서 쿠바는 사회주의 국가이지만 외국인 관광객에게만은 친절하기 그지없는 나라가 되었다. 현지 경찰들은 자국민 보호보다 관광객 보호에 더 열을 올리고 있다. 당황스러운 현실이지만 관광객인 나로서는 마음이 은근히 놓이는 얘기였다. 이제는 우리나라에서도 쿠바 비자를 받기가 쉬워졌는데 여기에 치안까지 확실하다니 더욱 매력적일 수밖에 없지 않은가.

그저 모든 상황을 쉽게 받아들인 것이 잘못일까. 갑자기 비행기 티켓에 문제가 생겨 이런 저런 상념을 사라지게 했다. 한국에서 스페인 항공사인 이비자 항공의 마드리드에서 아바나까지 가는 e-티켓을 예약하고 카드로 결제했는데, 결제한 카드와 지금 소지하고 있는 카드가 달라서 탑승을 허락할 수 없다는 것이었다. 한국에서 항공사 마일리지 카드로 교체한 것이 화근이 되고 말았다. 상황을 해결하기 위해 이태리어를 하는 항공사 직원을 요청했다. 설왕설래가 수차례 있고 나서야 문제가 겨우 해결되었다. 여권 번호와 예약 번호를 확인하고 겨우 탑승을 허락하는 상급자의 결재가 나온 것이다.

한숨 돌리려는데 또 다시 브레이크가 걸렸다. 쿠바 비자가 없기 때문이란다. 쿠바 비자는 원래 없는 것이고 현지 공항에서 받는 것으로 알고 있는데 어찌된 것인지…… 옆 창구의 직원이 우리의 대화를 들었는지 스페인어로 자기들끼리 뭐라뭐라 이야기를 나누더니, 바로 뒤에 있는 여행사에서 비자를 사오라고 설명해주었다. 여행사에서 쿠바 비자를 30유로에 팔고 있었다. 미국의 경제 봉쇄 이후로, 미국인들은 쿠바를 여행하게 되면 재판에 회부되고 5만 불의 거액의 벌금을 내게 되었다. 미국인 관광객이 줄고, 여권에 쿠바 스탬프가 찍히면 곱지 않은 시선을 주는 나라가 많아지자 쿠바는 여권에 증거를 남기지 않는 자기네만의 비자를 고안해냈다. 미국인들은 캐나다를 경유해서 쿠바를 다녀오면 여권에 전혀 증거가 남지 않는다. 그리고 나는 이런 변종 비자가 있는 줄 몰랐던 것이다. 우여곡절 끝에 보딩 패스를 받아들었다. 다리에 힘이 풀렸다. 아직 장정은 시작도 안 했는데 몹시 나를 안달케 하는 여행이다.

옆에는 마드리드 민박집에서 만난 희륜이라는 학생이 함께 있었다. 이 친구는 군대를 제대하고 복학하기 전 여행을 하고 있는데 이집트를 비롯해서 중동 여러 나라를 거쳐 100일 만에 유럽에 들어왔다고 한다. 희륜은 민박집에서 옆 침대에 묵어 플라멩코 공연도 보러가고 테킬라도 나누어 마시며 시간을 보낸 인연 덕에, 민박집 사람들은 모두 마드리드 연습구장에 베컴과 호나우두의 사인을 받으러 갔음에도 불구하고 일부러 나를 배웅 나와준 것이다. 그는 지루한 항공사와의 싸움도 묵묵히 옆에서 지켜주었다. 이런저런 문제가 생길 때 말이 통하는 사람이 옆에 있다는 것이 얼마나 힘이 되는지…… 함께 식사라도 해야 하는데 이미 보딩 시간이 임박해진 때라 공항 바에서 간단히 샌드위치로 석별의 정을 나누었다.

내 사진여행의 시작

드디어 쿠바로 향하는 비행기에 올랐다. 옆자리에는 이태리 아이들이 앉아 있었다. 휴가차 아바나로 간단다. 아홉 시간이나 걸리는 거리를 가는데 크게 동요도 없는 것이 여행 경험이 많은 아이들로 보였다. 이들은 내가 무척 신기한 듯했다. 스페인 비행기에서 만난 동양인이 밀라노 억양으로 이태리 말을 하고 있으니, 마냥 질문이 이어진다. 밀라노에서 사진 공부를 했다는 얘기까지 기어이 드러내고 말았다. 자기 나라에서 공부한 외국인. 그들은 친근하게 나를 받아주었다. 그들의 호기심에 찬 눈길과 이태리어가 나를 과거로 갑자기 돌려놓았다.

한국에서 사진학과를 졸업하고 잡지사에서 사진기자로 근무하고 있던 시절, 어느 날 사장님의 느닷없는 호출이 있었다. 사회 초년병인 내게 어려운 자리였는데 사장님이 갑자기 여권이 있느냐고 물으셨다. 외국 여행 경험도 없고 계획도 없었음에도 언젠가는 쓰겠지 아니 꼭 써봐야지 하는 마음으로 만들어두었던 여권을 드디어 사용할 때가 온 것이다. 사장님의 이태리 출장에 동행해 밀라노 가구 전시장을 취재해야 했다. 처음 타보는 국제선이었다. 그때는 이태리 밀라노로 가는 직항이 없어 독일 프랑크푸르트를 경유하여 출발 열여섯 시간 만에 밀라노에 도착했다. 그리고 도착 다음날부터 전시장 취재에 정신없이 보냈다. 전시장 취재를 마친 뒤, 다음 달에 실릴 칼럼을 위해 버스를 타고 베네치아를 찾았다. 꼬박 세 시간이 걸려 도착한 베네치아. 그곳에서 나는 이태리에서 공부를 해야겠다는 결심을 하게 된다. 가구 전시장 취재가 목적이었는데 베네치아에서 가진 필름의 절반을 모두 써버리고 말았다.

내게 베네치아는 충격이었고 보는 것마다 취재거리였다. 베네치아는 물이 가득한 도심이 주는 특이함과 바다의 힘이 느껴지는 신비한 곳이었다. 건물의 색채와 곤도라 위에서 바라보는 떠다니는 듯한 거리가 여행의 즐거움이 어떤 것인지 알게 해주었다. 빠르게 돌아가는 관광도시의 화려함이 고색창연한 옛 건물의 빛깔에 감싸여 결코 천박해 보이지 않았던 곳. 베네치아는 내 여행의 시작이었고 새로운 사진 작업의 화두가 되었다.

돌아와서 곧바로 이태리 유학을 준비했다. 현지에서 만난 가이드와 연락하고, 이태리어 학원에 등록하고, 바쁘게 준비를 하면서 본격적인 떠남을 위해 사표도 제출했다. 얼마 후 갑자기 사장님이 나를 호출하셨다. 매달 여행 페이지를 만들어내라는 것이었다. 잡지를 위한 선택이었겠지만 그때 내게 페이지를 할애해주신 사장님의 배려는 지금도 가슴 따뜻해지는 기억으로 남아 있다. 가난한 유학생의 숨통을 트여주는 너무나도 고마운 제안이었다. 이후 나는 여행기사 외에도 파리 컬렉션과 밀라노 컬렉션을 진행하게 되었다. 지금이야 케이블 방송에서 바로 바로 방송을 하지만 그 당시만 해도 유럽 유명 컬렉션은 한두 달 후 잡지에서나 만날 수 있었다. 그렇기에 컬렉션이 있는 바로 그 달에 가장 먼저 기사를 실었다는 자부심이 컸다. 잡지 《노블레스》의 이태리 주재원이라는 직함으로 나는 전 유럽을 취재하며 여행도 하고 돈도 벌고 사진도 찍을 수 있었다. 그리고 그렇게 그때부터 지금까지 사진여행의 경험과 추억은 하나둘 쌓여가고 있다.

그때는 정말 열심히 사진을 찍어대던 시절이었다. 학생을 가르치고 있는 지금이 사진에 대해 더 많이 연구하고 있는 것 같지만 돌이켜보면 그때가 가장 절절히 오직 사진만을 생각했던 것 같다. 머릿속이 오로지 사진뿐이던 그 시절엔 꿈도 사진에 연관된 꿈만 꾸었다. 당시는 아내 될 사람을 한국에 두고 결혼 전에 나 혼자 멀리 유학을 나와 있던 때라 그녀가 무척이나 그립고 보고 싶었다. 하지만 꿈에 등장하는 그녀는 나를 위해 포즈를 취하고 있는 모습이거나 혹은 내 카메라를 가지고 가버려 정신없이 그녀를 뒤쫓는 꿈뿐이었다. 하물며 필름을 가지고 나를 만나러 밀라노에 오시는 부모님 꿈을 꾸었을 정도였다. 밥을 먹을 때도 상 위에 놓인 피사체를 보며 구도를 잡고 색감에 대한 구상을 했었다. 그러니 남들이 보기에는 단순한 사진들일 수 있지만 나에게는 인생의 한 면을 완전히 매진한 결과의 산물이다. 한편 자랑스럽기도 하고 한편은 결과의 부실함에 가슴이 저리기도 하다.

쿠바에서 이런 사진은 찍지 말아야지

나는 '쿠바' 하면 체 게바라를 떠올리고 체 게바라 동상을 찍는 식의 전형적인 접근은 하지 않겠다고 처음부터 마음먹었다. 그러나 쿠바에서 체 게바라의 모습을 보지 않는 여행은 할 수가 없었다. 쿠바인들에게 체 게바라는 영웅이자 영원한 그리움의 존재였다. 아바나의 평범한 골목길 담벼락에 걸려 있던 체 게바라와 혁명 동지들의 사진과 산티아고데쿠바의 민박집 앞 빵공장에 걸려 있던 체 게바라의 초상은 굳이 체 게바라 동상을 찍지 않더라도 이곳이 쿠바임을, 쿠바 사람들 가슴 속에 체 게바라는 아직도 살아 있음을 말해준다.

내가 쿠바에서 찍고 싶은 것

유럽의 각 곳을 돌아다니면서 취재를 하고 여행에 관련된 글을 잡지에 올리던 유학시절, 우선 경비를 부담하지 않아도 된다는 이유만으로도 너무나 즐겁고 힘이 되었다. 게다가 사진을 마음껏 찍을 수 있었기에 사진 중독자인 나에게는 그 일이 신의 은총과도 같았다. 그때의 여행이 좋았는지는 잘 모르겠다. 그저 찍는 것이 좋았던 것 같다. 그런데 한 번 두 번 사진여행이 거듭되면서, 이제는 여행 자체를 더 즐기는 것이 아닌가 싶다.

기자였던 친한 친구가 있는데 그는 인물 사진을 찍을 일이 생길 때마다 내게 호출을 한다. 나는 풍경 사진이나 다큐멘터리 사진을 전공했고 또 그런 사진들을 찍고 싶은데도, 그는 내 인물 사진만 탐한다. 광고 사진이나 다른 종류의 사진도 잘 할 수 있다고 해봐도, 막무가내 인물 사진만을 고집해댄다. 이유를 넌지시 물었더니, 내가 찍는 인물 사진에는 찍히는 사람도 모르는 그 사람의 따뜻한 부분이 딸려 나온다는 것이다. 칭찬이겠거니 하고 듣고 넘기지만, 사실 나는 아직도 그 친구의 말을 모르겠다. 내가 찍은 사람은 사진에서 보여지듯 그렇게 따스함을 지니고 있는 사람이었는데, 그 사람도 모르는 따스함을 내가 끄집어낸다니……

쿠바 여행에서도 풍광을 찍은 것도 있지만 사람들 사진이 훨씬 많다. 생각해보면 다큐멘터리를 전공하고 있기는 하지만 의외로 내 사진의 화두는 언제나 사람이었다. 독사 같은 친구가 이미 내 사진을 파악하고 있었던 것일까.

이번 여행은 더더욱 여행의 테크닉이 없다. 여행지의 유명 관광명소를 둘러보고 여행을 마친 뒤 뚜렷이 무언가를 정리할 수 있도록 행보를 계획하는 여행, 나는 이런 여행을 테크닉적인 여행이라고 생각한다. 유럽의 미술관을 돌아본다거나 건축물을 돌아보는 것 같은 그런 여행 말이다. 나는 언제나 목표가 있는 여행을 하진 않는다. 쿠바 여행 역시 대부분의 여행객들이 하듯이 체 게바라에 대한 추억이나 헤밍웨이의 유적을 더듬은 뒤 시가 공장을 방문하는 그런 여행은 하지 않을 것이다. 나도 체 게바라는 멋지다고 생각한다. 그러나 혁명가는 형장에서 사라졌고 미국을 약 올리려 물심양면 쿠바를 도왔던 소련도 조각조각 쪼개져 제 먹고 살기도 벅찬 지경이니, 쿠바는 혁명가들의 현존을 오히려 혁명해야 할 지경이다.

나는 쿠바의 사람들을 만나고 싶었다. 그냥, 북회귀선 바로 아래의, 노래 잘하고 춤 잘 추고 술 잘 마시는 끼 많고 정 많은 사람들이 살고 있는 생생한 쿠바를 보고 싶었다. 그 사람들이 내 사진의 화두가 될 것이다. 언제나처럼.

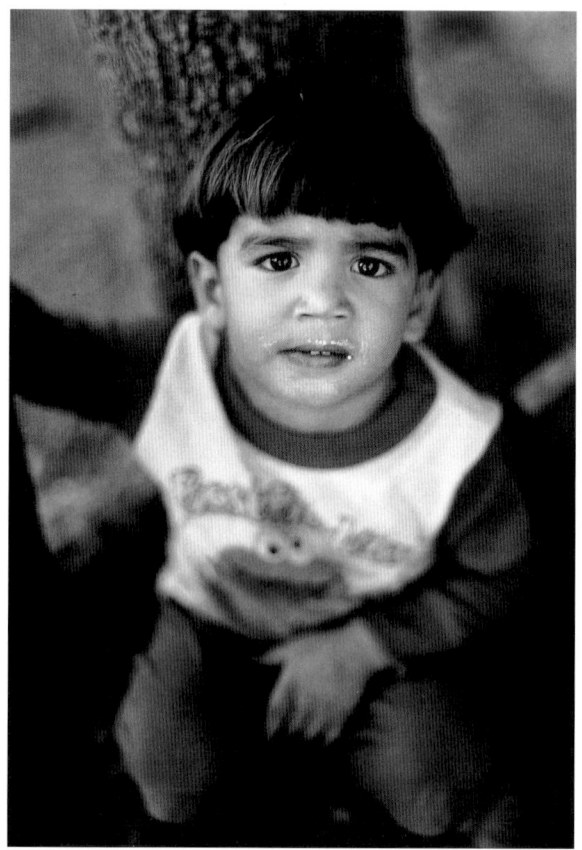

지구는 작은 별이 아니다

태양계의 세 번째 별 지구. 스티븐 호킹 박사는 타임머신의 원리도 이해한다고 들었다. 시간을 공간으로 분해해서 이해하면 된다는데, 도무지 무슨 말인지 이해는 물론이고 단어 하나하나가 내게는 언어처럼 들리지가 않는다. 단지 이 지구상에 사는 사람들은 이처럼 다르게 살고 있다는 실감만을 줄 뿐이다.

여기저기를 떠돌면서 느낀 것은 지구는 넓디넓고 사람은 많디많다는 것. 어느 곳에 가도 살 만하고 누구나 맞잡은 손에는 온기가 있는 것이 사실이지만, 의미를 가지고 다시 바라볼 때는 그 하나하나가 너무나 다르고 생경하게 다가오는 것 또한 사실이다. 돌아다니면 돌아다닐수록 갈 곳도 많아지고 가야 할 곳도 많아지고 만나게 될 사람들도 궁금하기 그지없어진다. 기대에 찬 지구, 흥미로운 지구다.

쿠바로 가는 비행기 옆자리에 앉은 이태리 친구들과 이런저런 이야기를 나누다 기내식을 먹고 한숨 자고 나니 어느덧 도착 두 시간 전이다. 쿠바다. 그토록 가보고 싶던 곳이다. 가슴이 뛰기 시작한다.

2 아바나와 말레콘, 꿈꾸던 풍경 속으로

드디어 쿠바다

현지 시각으로 밤 10시에 쿠바에 도착했다. 밤에 도착했기 때문인지 공항은 한적하기 이를 데 없었고 국제공항임에도 규모만으로 본다면 우리나라 시골역 분위기가 나는 친근함이 있었다. 호세마르티공항은 스페인으로부터 쿠바를 독립시킨 쿠바 민족 영웅의 이름을 딴 것이다. 최근 새롭게 리모델링하여 간결하지만 모던하고 창연한 마티스풍의 실내가 인상적이었다.

며칠 동안 여행을 할 거냐고 묻는 직원에게 25일 동안이라고 했더니 환하게 웃으며 즐거운 여행이 되라고 인사를 해준다. 그리고 비자에 스탬프를 찍어 하나는 자기가 갖고 하나는 나를 주면서 출국할 때 제출해야 하니 잃어버리지 말라고 신신당부를 했다. 잃어버리면 어떤 일이 생기는 걸까? 이곳에서 확 살아버려야 하는 것일까? 수염 덥수룩하게 기르고 허름한 셔츠에 바지를 둥둥 걷고 방파제에 앉아 먼 바다를 보며 아내와 아이들을 그리는 쿠바의 어부가 된 내가 잠시 눈앞에 떠올랐다. 나이가 들수록 매년 조금씩 몸무게가 불어나 이제는 헤밍웨이의 풍채와 비슷할 지경이니 더더욱 어울리겠지. 흥분한 탓이다. 이런 상상을 하다니…….

나는 여행할 때 가족 사진을 가지고 다니지 않는다. 힘들 때 보면 마음이라도 가벼워질 것 같지만, 정작 가족 사진을 보고 나면 아들녀석들의 웃음소리가 들리는 것 같고 그 예쁜 것들 떠나 내가 여기서 뭐하고 있나 싶어 힘이 빠진다. 그리고 다음날 일정은 엉망이 된다. 거기에 술까지 한 잔 하고 싶어지니, 날 아는 이 하나 없는 곳에서 처량하기 그지없는 신세가 되고 만다. 그래서 아내는 오히려 가족 사진 가져가는 것을 말리곤 한다.

여행으로 살아가고 있는 국가라 그런지 쿠바의 공항은 친절하기가 그지없다. 우리나라 공항의 입국 관리 심사 담당 직원은 법무부 소속이라서 그런지 표정 없기가 마치 조각 같다. '너 어디서 왔니?' '혹시 스파이 아니니?' 이런 마음을 감추려고 그러는 것일까? 한국을 찾는 외국인 친구들은 자기가 불법 정부 인사라도 된 것 같았다고 농담을 하곤 했다. 그런데 쿠바의 입국 관리 심사 담당 직원들은 호텔 객실의 안내원 이상으로 친절한 인상들이다. 나는 돈 많은 관광객도 아닌데 말이다. 준비해간 캐나다달러를 환전소에서 환전하고 출구로 나왔다. 쿠바의 전력난이 심각하다고 하더니 정말 암흑천지다. 주유소만이 휘황한 빛을 발산할 뿐, 어디가 어디인지 구분이 가지 않았다.

택시를 타고 아바나 시내로 향했다. 이곳의 극성 바가지에 대해 이야기를 하도 많이 들어서 시내까지 얼마인지를 먼저 물었다. 기사는 미터기대로만 내면 된다고 한다. 꼬치꼬치 물어보고 싶었지만 기사의 인상이 좋아 아무래도 실례가 될 것 같아 그냥 탔다. 힘겹게 손잡이를 돌려서 창문을 내렸다. 사방은 온통 어둠이다. 택시 안으로 흘러들어오는 바람이 여행의 기대감으로 흥분된 마음을 차분히 가라앉혀주었다.

그런데 택시가 갑자기 좁은 길로 들어선다. 이상한 생각에 기사에게 물으니 아바나로 가는 길이니 걱정하지 말란다. 아, 어떻게 걱정을 않나? 쿠바의 바가지에 대한 얘기는 이미 익히 들었는데…… 쿠바에서 택시기사는 수입이 아주 좋은 직업이어서 국가 유공자나 현 정부에 기여한 사람에게 주는 특혜 같은 것으로, 외국인들이 주로 타는 파나택시의 기사인 경우는 믿을 만한 사람인 동시에 어느 정도의 생활 수준을 유지하는 사람들이라고 한다. 예전 우리나라도 개인택시 자격을 포상으로 주기도 했었는데, 어디든 군부의 생각은 비슷한가보다. 기사는 친절했고 알 순 없지만 돌아가는 것 같지도 않았다. 택시비는 외국인 페소로 23페소가 나왔다. 팁으로 2페소와 한국에서 가져간 기념품을 건넸다. 쿠바 사람들이 장수에 관련된 덕담을 가장 좋아한다고 해서 준비해간 거북이 모양의 열쇠고리였다. 그는 감사하다는 말을 서너 차례나 한다. 팁보다는 선물을 마음에 들어하는 눈치였다.

쿠바에서는 얼마 전까지만 해도 세 개의 화폐가 통용되었다. 현지인들이 사용하는 페소, 외국인 전용 페소, 그리고 미국달러. 그런데 미국의 쿠바 경제 봉쇄 정책이 점차 강화되자 쿠바 정부는 2004년 11월부터 미국달러의 사용을 금하고 대신 10퍼센트의 수수료를 받고 미국달러를 외국인 페소로 바꾸어주고 있다. 외국인 페소는 달러와의 가치가 1대 1로, 외국인들은 단지 불편해졌을 뿐이다. 그래서 나는 한국에서 출발할 때 아예 유로와 캐나다달러로 교환해서 가지고 갔다.

인터넷이 되지 않는 쿠바의 사정 때문에 숙소를 미리 예약하고 온 것이 아니어서 인터넷에서 구한 주소만 들고 민박집을 찾아 나섰다. 밤인데도 그다지 거리는 어둡지 않아 거부감이 없었다. 내가 점찍어둔 곳은 쿠바 관련 사이트를 통해 알게 된 마리엘라 민박집이었다. 이곳의 유명인사 마리엘라는 마당발에 성격 좋은 아주머니인데, 특히 동양인을 좋아한다고 한다. 방 값도 이 동네에서는 가장 저렴하다고 소문이 나 있고 주로 장기투숙객이 많이 찾기 때문에 단순히 스쳐가는 민박집 아주머니 이상의 친근감을 느낄 수 있지 않을까 싶었다. 집을 두 채나 가지고 민박집을 운영하기에 투숙객의 사생활이 어느 정도 보호받는 점도 이 민박집이 유명한 이유인 것 같았다. 이런저런 이유로 마리엘라는 이곳을 다녀간 사람들의 입소문으로 유명세를 타고 있다.

그런데 막상 찾아가보니 사람이 없다. 옆집 사람이 나와서 전화를 걸어주어 마리엘라의 남편이 왔다. 한눈에도 낙천적으로 보이는 동네 아저씨이다. 그런데 그는 방이 없으니 자기 어머니 집으로 가서 이야기를 하자며 나를 데리고 갔다. 통통한 아주머니가 문밖에까지 나와서 반갑게 맞아주는데, 이곳도 빈방은 없었다. 1월에서 3월 사이의 아바나는 기온이 많이 올라가지 않아 여행하기에 좋은 시기라 여행객들이 이미 모두 차 있는 탓이었다.

아바나에 노을이 물들 때면, 더위는 한풀 수그러들고 사람들은 시원한 바닷바람을 맞으러 말레콘으로 쏟아져 나온다. 연인, 가족, 여행객 모두 너나없이 럼과 맥주를 곁들인 채 저녁 바람과 분위기에 취해간다. 말레콘은 아바나 사람들의 영원한 쉼터이다.

그러자 마리엘라가 여기저기 전화를 걸기 시작했다. 이들은 서로 연락망이 있어서 상부상조하는 것 같았다. 하여튼 여행객인 나를 절대 길거리에서 재우지 않겠다는 그녀의 굳은 의지에 안심이 되었다. 대여섯 통 정도 통화를 했을까. 어느 곳인지 방이 있다는 답이 왔다. 택시를 타는 내게 마리엘라의 남편이 바가지 요금에 주의하고 미터기에서 눈을 떼지 말고 아무리 많이 나와도 4에서 5페소 정도이니 그 이상은 주지 말라고 당부를 한다. 아직은 모두 친절한 사람들만 만나고 있어 쿠바에 대한 기대가 점점 더 커지고 있다. 택시를 타고 도착하니 요금은 겨우 2페소. 이번 택시기사도 좋은 점수 획득. 미리 나와 있던 민박집 주인 오스카가 환한 미소로 나를 반긴다.

민박집 주인 오스카는 구리빛 얼굴에 넉넉한 풍채를 가졌다. 인상은 강하지만 동네에서 흔히 볼 수 있는 담배가게 아저씨 같아 왠지 이곳이 편안할 것 같은 느낌이 들었다. 방을 보여주겠다고 하는데 선택의 여지가 없는 나로서는 깨끗하기만을 바랄 수밖에.

방은 훌륭했다. 우선 컸고 욕실도 있고 에어컨까지 있었다. 고급 호텔에서 묵는 여행은 한 적이 없었기에 이 정도면 높은 점수를 줄 수 있었다. 30페소를 요구하는데 마리엘라에게 25페소로 듣고 왔다고 흥정을 했다. 흔쾌히 그렇게 하잖다. 그리고 다음날 아침은 9시에 준비한다고 알려주고 여권을 받아들더니 총총히 사라진다.

방에 혼자 남게 되니 배가 고팠다. 준비해간 조리기구에 누룽지를 한 주먹 넣고 끓였다. 밀려오는 졸음을 참으면서 넘칠세라 쳐다보며 끓였다. 장조림 통조림도 꺼내서 맛있게 먹었다. 살 것 같았다. 한국 사람 속은 역시 밥으로 풀어야 한다. 여행을 위해 어머니가 준비해주신 누룽지는 참 실속 있고 유용한 양식이다. 식기를 정리하고 나니 새벽 1시. 언제 잠이 드는 줄도 모른 채 깊은 잠에 빠졌다. 약간의 한기가 느껴지지만 깊은 잠을 자기에 적당한 온도였다. 아바나의 첫날이 그렇게 지나갔다.

말레콘의 해안길에 줄지어 서 있는 가로등.
소박한 곡선과 번져가는 오렌지색 불빛이 은은하게 이어진다.

민박집 주인 오스카

　　　　　눈을 떠 시계를 보니 아침 8시 30분. 알맞게 잔 것 같다. 나는 알람시계를 사용해본 적이 없다. 다음날 일어나야 하는 시간에 알맞게 눈이 떠지곤 한다. 잠을 쉽게 털 수 있어 좋긴 하지만 일어날 시간에 대한 생각에 깊은 잠을 이루기가 어렵다. 중요한 일이 있을 때면 더욱 시간 생각에 깊은 잠이 자지질 않는다. 장단점이 모두 있는 습관이다.

　　　　　샤워를 하고 나오니 오스카가 아침을 준비했다고 부른다. 아침은 생각보다 훌륭했다. 오렌지, 망고, 수박, 망고 주스와 카푸치노, 여기에 약간 딱딱한 빵과 망고 잼이 준비되어 있었고 조금 후에 계란 스크램블과 햄을 준다. 기분 좋은 식사를 하고 있는데 오스카가 내게 방이 흡족한지 물어본다. 방도 좋고 침대도 편하다고 칭찬을 하니 며칠을 묵을 지 다시 물었다. 일주일 정도를 예상한다고 하니 방 값을 선불로 달라고 한다. 캐나다달러로 계산하려고 했더니 미국달러를 찾는다. 쓸 수 없는 미국달러를? 언젠가는 미국달러가 다시 쓰일 것이고 그때는 분명 지금보다 가치가 높게 받아들여질 테이니 달러를 모으고 있다는 것이다. 은행에서 환전해주겠다고 하니 오스카는 자기도 지금 나가는 길이니 데려다주겠다며 같이 가자고 했다. 그러면서 하는 말이, 방 값은 어제 흥정한 대로 25페소이고, 아침을 포함하면 30페소이니 총 210페소라는 것이다. 아니, 이런! 어제 저녁 때 말과 다르다. 이 친구 밤새 30페소 받을 궁리를 했네. 나도 모두 다 줄 수는 없지. 210페소에서 10페소를 깎아 200페소에 하자고 했다. 오스카는 잠시 생각하더니 그러자고 한다.

오스카와 함께 집을 나서서 은행으로 향했다. 현지인 호객꾼들이 택시를 타라고 외쳤다. 오스카가 자신이 30년 무사고 운전자라며 내일 자기 차로 관광을 시켜줄 테니 40페소를 달라고 했다. 생각해보겠다고 하니 10페소를 깎아 30페소를 부른다. 그러더니 자기는 자동차를 고치는 엔지니어이고 올드카를 가지고 있다는 자랑을 시작했다. 리브리 호텔에 있는 국제은행에서 환불을 해 210페소를 오스카에게 전했다. 깜짝 놀라는 오스카에게 아까는 농담이었다고 하니 무지 순진하게 웃는다. 그러곤 내일 저녁에 생선으로 만든 저녁을 대접하겠다며 초대를 했다. 그도 나도 기분 좋게 은행을 나왔다.

아바나에서 찍은 첫 사진

아바나에서 맞은 첫날 아침, 말레콘으로 가기 위해 올드 아바나의 골목을 걷고 있는데 앞쪽에서 한 소녀가 걸어오고 있었다. 골목길과 활달한 소녀의 움직임이 느낌이 좋아서 나도 모르게 카메라에 손이 갔고 무의식적으로 셔터를 눌렀다.

길게 이어진 골목의 원근감, 거칠고 투박한 건물의 느낌, 그 사이를 미끄러지듯 스쳐 나오는 소녀의 역동적인 움직임이 묘한 긴장감을 자아냈다.

이 사진을 몇몇 지인들에게 보여주었더니 두 가지 반응으로 나뉘었다. "아, 느낌 좋은데"라고 말하는 사람이 있는가 하면 "어라, 핀트가 안 맞았네"라고 말하는 이들도 있다. 찍을 당시에 핀트가 안 맞은 걸 인식했지만 그 소녀를 불러 세워서 다시 찍고 싶지는 않았다. 그랬더라면 내가 조금 전에 만났던 그 긴장된 느낌을 카메라에 담지 못할 것을 알고 있었기 때문이다.

카메라에는 핀트를 맞추는 기능이 있다. 그런데 핀트를 맞추는 기능이 있다는 것은 반대로 핀트를 안 맞출 수도 있다는 것이다. 핀트가 정확히 맞은 사진이 좋은 사진일까? 아니면 느낌이 좋은 사진이 좋은 사진일까? 한 가지 분명한 건, '반드시 핀트를 정확히 맞춰야 한다'는 공식에 얽매이면 때로는 그 순간의 바로 그 느낌을 놓쳐버릴 수도 있다는 사실이다.

말레콘과 크리스털 맥주

아바나에서 가장 보고 싶었던 곳이 바로 말레콘이었다. 쿠바로 떠나기 전에는 말레콘에만 가면 언제나 하얗게 포말을 일으키는 파도와 마주칠 줄 알았다. 하지만 아니었다. 바다는 잔잔했고 파도는 보이지 않았다. 파란 바다를 배경 삼아 뻗어 있는 말레콘은 얌전하기 그지없었다. 알고 보니, 날이 안 좋고 바람이 심한 날씨에서만 말레콘에 부서지는 파도의 포말을 만날 수 있는 것이었다. 그 사실을 알고 나서부터 내심 날씨가 안 좋은 날을 기다렸다. 어느 날 아침, 일어나보니 하늘에 먹구름이 끼어 있고 비가 추적추적 내리고 있었다. 한달음에 말레콘으로 달려갔다. 역시나 상상한 대로 거센 파도가 방파제를 때리고 있었다. 거센 파도, 제방에 부서지는 하얀 포말…… 그 모습은 그냥 그대로 말레콘 그 자체였다.

말레콘이 잘 보이는 방파제 근처 카페를 찾았다. 그리고 이곳에서 가장 유명하다는 크리스털 맥주를 주문했다. 거품이 많은 이 맥주는 조금밖에 따르지 않았는데도 거품이 컵을 넘쳐흘렀다. 마치 말레콘의 파도처럼…….

카페에 앉아 여유를 부리며 책을 보고 있자니 지나가는 사람들이 공연히 1불을 달라고 한다. 나는 거저 돈을 달라고 구걸하는 이들에게는 절대 돈을 주어본 적이 없다. 거리에서 공연이라도 하는 성의를 보인 이들에게는 구경값을 해야 한다고 생각하지만, 외국인이라는 이유만으로 그들이 나에게 당당히 돈을 요구하는 모습은 참기 힘들었다. 쿠바에서 외국인은 눈에 띄는 존재가 아니다. 동양인은 그다지 많지는 않지만 외국인 관광객들이 곳곳에서 보이는데 그 사람들에게도 1불을 달라고 하는지 궁금했다. 거저 달라는 그들의 모습에 거리낌이 없어 더더욱 싫었다.

그러나 불편한 기분은 잠시. 다시 말레콘의 파도를 보니 노여움이 거품처럼 사라져버린다. 그렇다. 나는 쿠바에 와 있는 거다. 그렇게 고대하던 곳에 말이다. 이런 후한 마음이면 아마도 1불을 주어버릴지도 모르겠다. 그의 인생이 어찌되건 내 알 바 아니니 말이다.

카페를 나와 올드 아바나로 향했다. 날씨는 웃옷을 입어야 할 정도로 쌀쌀하지만 그래도 걷기 좋은 날씨였다. 자전거 택시와 코코 택시라고 불리는 오토바이 택시가 연신 관광객을 실어 날랐다. 나는 올드 아바나 구석구석을 두 발로 음미했다. 영화 〈부에나 비스타 소셜 클럽〉에서 보았던 장면들이 고스란히 그곳에 있었다. 몇십 년 전에 이미 시간이 멈춰버린 곳에 서 있는 느낌이었다. 간절히 그리던 곳에 오게 되면 데자부를 느낀다고 하던데, 지금 나는 영화의 한 장면 안으로 걸어 들어가고 있었다.

말레콘 제방 바로 앞의 바bar는 바다를 바라보며
쿠바의 그 유명한 크리스털 맥주와 모히토를 한잔 하기에 제격인 곳이다.
실제 카페는 사진보다 더 허름한 느낌이지만 바다를 바라보는 전망만은 최고이다.
카페 안에서 마시는 맥주와 바깥 노천에서 마시는 맥주는 가격도 다르다.
노천 좌석에는 '말레콘과 바다'라는 전망 값이 더 붙는 탓이다.

말레콘은 쿠바인의 놀이터

말레콘은 쿠바인들의 놀이터이자 휴식처이다. 해질녘 말레콘은 한강의 고수부지 같다. 한낮의 열기가 가라앉으면, 사람들은 말레콘으로 나와 휴식을 취한다. 가족끼리, 친구끼리, 연인끼리 산책을 하기도 하고 술 한잔씩 주고받기도 한다.

할아버지와 손녀가 다정하게 산책을 하고 있었다. 할아버지의 흰 머리와 주름이 무척이나 인상적이었다. 그들에게 다가가 친근하게 말을 붙이면서 카메라를 들었다. 그리고 화면 가득 할아버지와 손녀의 모습을 잡았다. 둘 사이에 흐르는 다정함이 사진 가득 담겼다.

방과 후에 오히려 더 바빠지는 우리나라 아이들과 달리,
쿠바의 아이들은 학교 수업이 끝나면 딱히 할 일도, 갈 곳도 없다.
그래서 그들은 삼삼오오 짝을 지어 말레콘으로 나온다. 아바나의 어디에서든 조금만 나가면
말레콘에 닿는다. 쿠바의 젊은이들은 땅콩이나 바나나, 토마토 등 값싼 간식거리를 챙겨들고
말레콘에 나와서 시간을 보낸다. 친구들끼리 수다를 떨기도 하고 연인끼리 껴안고 입맞추며
애정행각을 벌이기도 한다. 주말에 말레콘은 더욱 붐빈다. 사내 녀석들은 웃통을 드러내고
다이빙을 하며 바다로 뛰어들고, 여자 아이들은 그 모습을 바라보며 깔깔거린다.
말레콘은 쿠바 젊은이들의 아지트이자 데이트 장소이기도 하다.

말레콘의 한낮 풍경은 말 그대로 눈부시다.
작렬하는 태양을 사람들은 온몸으로 즐긴다.
듬직한 풍채의 아저씨가 말레콘 제방 위에 누워
햇살을 가득히 받으며 낮잠을 즐기고 있었다.
아마도 헤밍웨이가 자전거를 탔다면 이런 모습이지 않았을까.
한낮의 진한 그림자를 드리우고 있는 그의 자전거 덕에
흑백톤만으로도 쿠바의 눈부신 한낮 풍경을 잘 표현할 수 있었다.

낮에 말레콘을 거닐다가 뜻하지 않게
트럼펫 연주를 듣게 되었다.
그는 저녁에는 바에서 연주를 하고 낮에는 말레콘으로 나와
음악을 들려주며 돈을 번다고 했다.
제대로 된 연주자의 제대로 된 트럼펫 소리가
말레콘의 바닷바람을 타고 쟁쟁하게 퍼져나갔다.

어느 저녁 말레콘에서 보았던 흑인 청년은 아직도 눈에 선하다.
해는 뉘엿뉘엿 넘어가고 말레콘에는 땅거미가 내리고 있었다.
청년은 무슨 일인지 말레콘에 혼자 앉아 바다를 바라보며
계속 눈물을 훔치고 있었다.
어찌나 처량한 모습이던지 나는 감히 더 다가갈 수도,
말을 붙일 수도 없이 그저 계속 바라만 보고 있었다.
소리 죽여 울고 있는 그의 쓸쓸한 모습에 마음이 시렸다.
별 일 아니었으면 좋겠다.

페드로 아저씨

　　　　　　별다른 목적도 없이 올드 아바나 이곳저곳을 산책하고 있는데 저쪽에서 오토바이가 한 대 달려왔다. 쿠바에 도착해 사이드카를 흔하게 보면서 한 번쯤 몰아보고 싶은 마음이 있었기에 나는 얼른 카메라 셔터를 눌렀다. 오토바이는 골목을 돌아서 주차했는데 그곳이 바로 그의 집 앞이었다. 그에게 다가가서 오토바이를 빌릴 수 있느냐고 물어보니, 자기 오토바이로는 일을 해야 하기에 빌려줄 수는 없고 오토바이를 빌리는 곳까지 태워다주겠다고 한다. 기쁜 마음으로 뒷자석에 앉아 아바나를 달리니 이곳이 무척 친근하게 느껴졌다.

　　　　　나를 태워준 이는 페드로라는 점잖게 생긴 신사였는데, 여기저기 수소문하여 오토바이 렌탈 장소까지 나를 친절하게 데려다주었다. 한국에서 가져간 기념품을 답례로 주니 의미를 묻는다. 장수를 의미하는 부적이라고 간단히 설명해주었더니 무척이나 기뻐하였다.

　　　　　그런데 가게 주인의 말이, 오늘은 빌려줄 오토바이가 없고 내일 아침에 그것도 9시에 시간 맞춰서 오면 24페소에 빌려주는 것이 가능하다고 한다. 어떻게 할까 망설이고 있는데 오지 않으면 없던 일로 하겠다며 부담 갖지 말라는 표정을 지었다. 쿠바 사람들은 한마디로 쿨하다고 해야 할까? 약속을 쉽게 생각하는 것 같다. 오겠다는 약속을 쉽사리 못 하는 나를 오히려 더 어색하게 보고 있었다. 함부로 실언을 할 수도 없어서 고민하고 있던 차인데 오게 되면 빌리라니 감사할 따름이다. 아침에 결정해서 시간 맞춰 찾겠다고 하고 돌아나와 다시 걸었다.

　　　　　걷다보니 저쪽으로 다시 말레콘이 보인다. 말레콘의 우측으로 산프란시스코 교회가 보이고 그곳을 돌아가면 비에하 광장이 나온다. 광장에는 라베르나 카페가 있다. 맥주와 샌드위치를 사서 광장이 잘 보이는 카페에 한 자리 잡았다. 하루 종일 혹사당한 발이 그제야 숨을 쉬는 것 같았다. 화장실에서 거울에 잠깐 비쳐보니 얼굴이 거무튀튀한 것이 피곤한 기색이 역력했다. 이제는 발도 그렇고 눈도 그렇고 조금은 쉬어줄까 싶다. 갑자기 하늘도 먹구름이 끼기 시작했다. 슬슬 숙소로 돌아가야겠다. 광장 옆에 있는 초등학교에 엄마들이 아이들을 데리러 오고 있었다.

쿠바의 탈것들

말레콘 해안 길에 나갔다. 쿠바의 분위기를 물씬 느낄 수 있는 독특한 클래식 카와 오토바이 카가 해안도로를 질주한다. 쿠바의 명물인 자전거 택시와 오토바이를 개조한 노란색의 코코 택시는 현지인도 이용하지만 이곳의 낭만과 분위기를 즐기고 싶어하는 관광객의 이용률이 훨씬 높다. 코코 택시는 바람을 맞으며 달릴 수 있는 매력이 있다. 좌석이 따로 달린 오토

바이 사이드 카에 가족이 모두 올라탄 모습도 쿠바에서 흔하게 마주칠 수 있는 풍경이다. 질주하는 자동차의 운동감을 살리기 위해 약간 느린 셔터 스피드로 움직이는 물체를 따라가면서 셔터를 눌렀다. 아마 내가 더 젊었더라면 도로에 좀 더 가까이 뛰어들어 자동차의 정면 컷을 잡았을지도 모르겠다.

민박집 식구들

아침에 일어나니 밖이 소란스러웠다. 어제 집에 들어올 때 오스카가 쿠바인이 묵고 있다며 내 방문을 잠가주었다. 쿠바인들은 정말 도벽이 있는 걸까? 혼란스러움에 대충 씻고 식당으로 가보니 불가리아 출신의 의사와 쿠바인 한 명이 앉아 있었다. 흑인인데 정말 피부가 흑빛이다. 쿠바 사람들은 원래 이 땅에 살던 원주민에, 스페인 정복 시절 들어온 백인, 그리고 아프리카에서 수입되었다고 이들이 표현하는 흑인 등 피부색이 참 다양하다. 쿠바인들은 현지 호텔을 사용할 수가 없어 민박을 이용해야 한다고 한다. 멋진 호텔들은 모두 외국인만 출입이 가능하기 때문이다. 현지인은 돈이 있어도 출입이 안 된다고 하니 이해하기 힘들다. 그들은 아침만 먹고 바로 떠났다. 그들이 떠나자 오스카가 내 방문을 열어두었다. 사실 전혀 고맙지 않았다. 자기네들은 부엌에 갈 때에도 방문을 잠그면서 왜 내 방문은 계속 열어두는지 슬며시 화가 나려 한다.

이이들은 좋은 사람들처럼 보이지만 가끔은 이해하기 힘든 구석이 있다. 오스카는 인상 좋은 아저씨이고 집안일에 바깥일까지 모두 하고 있다. 그러나 결정권은 전혀 없고 모든 결정을 이사벨에게 미루곤 한다. 이사벨은 이러한 사실을 당연하게 받아들인다. 이사벨은 쿠바의 여느 아주머니들과는 분위기가 다소 다른데, 젊었을 때 정말 미인이었을 것 같다. 왕년에 미스 아바나였다고 해도 믿을 정도이다. 이들 부부의 딸 타이티는 열다섯 살인데 성숙하기 이를 데 없고 학교는 거의 가지 않는 것처럼 보였다. 이들은 서로 친한 가족으로 보이기도 하지만 서로 물과 기름같이 겉돌 때도 자주 보이는 종잡기 힘든 가족이다.

올드 아바나가 다시 보고 싶어 집을 나섰다. 택시를 타야겠다. 이제는 아침만이라도 차로

이동하려고 한다. 사진 도구의 무게가 만만치 않아 계속 걸어서 다니자니 꽤 힘이 든다. 며칠 열심히 걸었으니 이제는 빨리, 가볍게 움직여도 될 듯했다. 택시를 타고 올드 아바나로 가는 길, 저쪽에서 시장이 선 것이 보였다. 내려달라고 하니 기사가 여기가 아니라며 저어하는 표정을 보인다. 행선지를 바꾸는 것이 싫은 것일까. 팁을 넉넉히 주고 내렸다.

    시장에는 빵을 사려는 사람들과 계란을 배급받으려는 사람들이 길게 줄을 서 있었다. 토마토 주스를 파는 사람도 눈에 띄었다. 쿠바는 물자가 많이 모자라서 그런지 계란 등 주요 생필품은 배급을 하고 있다. 특히나 특이했던 것은 자전거도 주차료를 받는 것이었다. 많은 나라를 가봤다고 자부하는 나이지만 자전거 주차료는 이곳이 처음이다. 주차료를 내고 주차를 하면 도난 걱정을 하지 않아도 되기 때문일까.

    계획과 달리 또 다시 카메라를 들고 걸었다. 꼬마들 모습이 귀여워 카메라에 담은 후 껌을 나눠주었더니 자기 엄마 것도 달라고 한다. 기특해하며 주었더니 녀석들이 자기 친구들까지 데려왔다. 이런, 온통 꼬마들 세상이 되어버렸다. 조금 더 걸으니 산살바도르 성이 나온다. 성은 유럽에서도 많이 보았기에 그다지 내 눈길을 끌지 못했다. 천천히 말레콘으로 걸어갔다. 토요일이라 그런지 아이들이 많이도 나와 있었다. 활기가 넘친다. 예쁜 여자아이에게 린다Linda라고 하니 무척 좋아한다. 린다는 스페인어로 예쁘다는 뜻이다. 말레콘의 해안가에 수영하는 녀석들도 보인다. 카메라를 들자 한 녀석이 자기가 다이빙을 할 테니 찍으라며 정말 폼나게 바다로 뛰어들었다. 그러더니 물을 뚝뚝 떨어뜨리며 다가와서는 "원 달러"를 외친다. 1불을 쉽게도 생각한다. 카페에서 맥주 한 병이 1불이고 이곳의 한 달 월급이 15불이니 1불은 결코 작은 돈이 아니다. 무서운 표정 한 번으로 녀석의 요구를 쏙 들어가게 했다. 그래도 아이들을 바라보는 것은 여전히 즐거운 일이다.

쿠바를 여행하다보면 줄지어 서 있는 사람들을 자주 보게 된다.
연금을 타거나 계란 같은 생필품을 타기 위해 사람들은 길게 줄을 서서 기다린다.

날씨가 점점 더워진다. 오래된 카페에 자리를 잡고 앉으니 마치 시간을 50년은 거슬러 온 듯했다. 옆에 앉은 사람들이 이름 모를 허브를 넣은 칵테일을 두어 잔씩 마시고 있었다. 이 술이 헤밍웨이가 좋아했던 모히토라는 그 칵테일인가보다. 럼에 박하향이 나는 약초인 에르바, 라임 주스와 소다수, 설탕을 섞고 얼음을 채운 모히토. 원래 나는 낮에는 술을 먹지 않기도 하지만, 저 모히토를 무척이나 즐겨 한꺼번에 열 잔이 넘게 마신 후 이곳 말레콘을 맨발로 걸어다녔다는 헤밍웨이의 슬픈 말년을 생각하니 더더욱 먹을 마음이 사라졌다.

　　말레콘 너머로 컨테이너를 가득 실은 배가 떠나가고 있었다. 이곳은 수출할 것이 전혀 없다고 알고 있는데, 그렇다면 저 배는 무엇을 저리 실어 나르는 것일까. 바다를 보니 문득 가족 생각이 났다. 평소 말이 없던 이사벨이 오늘 아침에는 빵을 더 가져다주면서 먹으라고 권하는데 한국에 계신 어머니 생각이 간절했다. 어머니는 나만 보면 살 좀 빼라고 성화시지만 정작 집에만 가면 언제나 밥상 가득 차려서 많이 먹으라고 재촉이시다. 순간 이사벨이 마미 같았다. 내 마음을 전하니 마미라고 부르라며 자기도 내가 아들 같다면서 환하게 웃어주었다. 이사벨의 몸이 좋지 않은 것 같아 한국에서 가져온 타이레놀을 주면서 머리가 아프거나 몸이 무거울 때 먹으라고 하니 역시 아들밖에 없다며 쿠바인 특유의 너스레를 떨었다. 그녀의 웃음 덕분인가 하루를 너무나 행복하게 시작할 수 있었다.

　　쿠바에 도착한 지 얼마 지나지 않아서는 이곳이 기대했던 것보다 물가도 비싸고 사람들도 모두들 나에게 돈만 요구하는 것 같아 속상한 마음이 없지 않았는데, 지내다보니 정이 많은 사람들의 모습에 편안해지는 느낌이다. 자주 싸우고 금방 화해하고, 언성이 높아 그저 단순히 묻고 답하는 상황도 싸우는 듯 보이기도 하지만 남의 일이라도 언성까지 높여가며 거들고 관심을 보이는 모습은 정이라고 밖에 달리 뭐라 표현하겠는가. 쿠바 사람들은 한마디로 오지랖 넓고 정 많은 사람들이다.

쿠바의 연인들

민박집 주인부부 이사벨과 오스카의 딸 타이티는 열다섯 살이다. 하루는 민박집으로 돌아오니 녀석 혼자만 있기에 누룽지를 끓여 먹는데 그릇을 챙겨주면서 살갑게 굴어 고마운 마음이 없지 않았다. 나를 아주 격의 없이 대하는 것도 아니고 그렇다고 민박집 손님 대하듯 사무적으로 대하는 것도 아닌, 적당히 반항적인 눈빛을 감추지 않은 채 약간의 호기심으로 나를 대하는 것이 솔직해 보였다. 우리나라 사춘기 청소년들과 다를 바 없는 모습이랄까.

하지만 내가 아이를 가진 부모여서일까? 녀석의 차림새가 마음에 들지 않았다. 머리는 눈부신 금발로 염색을 하고 늘상 아슬아슬할 정도로 짧은 반바지 차림이다. 학교는 언제 가는지 항상 집에 있다. 게다가 학교는 안 가면서 남자친구는 집에 자주 데리고 온다. 이래저래 나는 자꾸 신경이 쓰이고 걱정스럽다. 오늘도 타이티는 부모님 없는 집에 남자친구를 데리고 와 있는데, 나는 아랑곳하지 않고 연신 키스를 하는 모습이 가관이다.

쿠바 사람들은 대부분 결혼을 일찍 한다. 열아홉 살이나 스무 살이면 이미 유부남 유부녀가 대부분이다. 남미 국가들이 대체로 그렇듯 성 경험 연령도 상상을 초월할 정도로 낮다. 열대여섯 살만 되어도 길가에서 이성친구와 스스럼없이 키스를 한다. 사회주의 국가여서 인종 차별이 없기에 흑인, 백인, 동양인 등 인종에 관계없이 연애하고 결혼한다. 어린 나이에 쉽게 결혼하는 만큼 이혼한 사람들도 많고 미혼모들도 자주 눈에 띈다.

나도 나이가 들었는지 아니면 이제는 자식이 있어서 그런지, 타이티의 그런 모습들이 그냥 지나쳐지질 않는다. 인생의 경험은 단지 경험으로 끝나는 것이 아니니 신중해라…… 그러나 내 마음을 전달할 방법이 없다. 나 혼자 가슴을 쓸어내릴 뿐이다. 아들보다는 딸 키우기가 어렵다는 말을 쿠바까지 와서 이해하게 될 줄이야…….

가족들과 함께 말레콘에 나온 어린 연인이 눈에 띄었다. 카메라를 들이대자 그들은 장난기 있는 표정으로 입을 맞췄다. 풋풋하고 귀여운 입맞춤이었다. 쿠바 연인들의 현실이야 어떻든 상관없이 말이다.

구두수선공

아침에 일어나 오늘도 걷는다. 유행가 가사처럼 나는 오늘도 걷고 있다. 지도도 보고 사람들에게 묻기도 하면서 길을 걷다가, 신발 고치는 곳이 눈에 띄었다. 수선공도 그렇고 장소도 그렇고 구도가 마음에 들었다. 웃으며 한 컷 찍으려고 하니 얼굴을 굳히며 돈을 요구하는 것이 아닌가. 약간은 당황스러웠지만 어차피 신발도 고쳐야 되고 해서 우선 뒤축이 풀린 신발을 내밀었다. 여행이 아직 많이 남아 있으니 튼튼하게 고쳐 달라고 주문을 넣었는데, 기대 이상으로 꼼꼼히 박아주었다. 능숙한 솜씨로 재봉틀을 돌려가며 박는데 정성스럽게 하는 모양이 여실하다. 돈을 요구하던 조금 전의 모습은 간 곳 없고 자기 분야를 열심히 걷는 장인의 모습이다. 그런데 더 놀란 건, 간단한 수선이니 신발 고치는 값을 받지 않겠다며 그냥 가라고 할 때였다. 그들의 자존심인 것인지, 사진을 찍을 때엔 돈을 내라더니 정작 신발은 그냥 고쳐주다니…… 재미있는 사람들임이 분명하다. 억지로 1불을 내미니 그는 사진 포즈를 취해주었다. 나는 모델료를 낸 것일까 신발 수선비를 낸 것일까?

산티아고데쿠바에서 만난 구두수선공.
남의 낡은 구두를 수선하고 있지만
눈빛만큼은 강렬하고 일하는 모습도 열정적이었다.

수선소 한쪽에서 아저씨 한 분이 수선공에게 신발을 맡기고 조용히 기다리고 있었다.
보통의 쿠바인들은 카메라를 들고 다니는 내게 먼저 말을 건다.
궁금한 것도 많고 말도 많고 낯도 가리지 않는다.
그런데 이 아저씨는 잔잔한 미소만 보내고 있었다.
쿠바인답지 않은 묵묵함에 마음이 끌려 내가 먼저 말을 걸었다.
"아저씨, 구두 고치러 오셨어요?"
"이번이 두 번째 맡기는 거지요."
수선공의 손에 들린 아저씨의 구두가 너무 낡아 보였다.
"아저씨, 구두 오래 신으신 것 같은데 그냥 새 구두 하나 사서 신으시지요?"
"아직 신을 만한데요 뭘."
사진 한 장 찍겠다며 카메라를 들었다.
아저씨는 예의 그 잔잔하고 조용한 미소를 내게 지어 보였다.

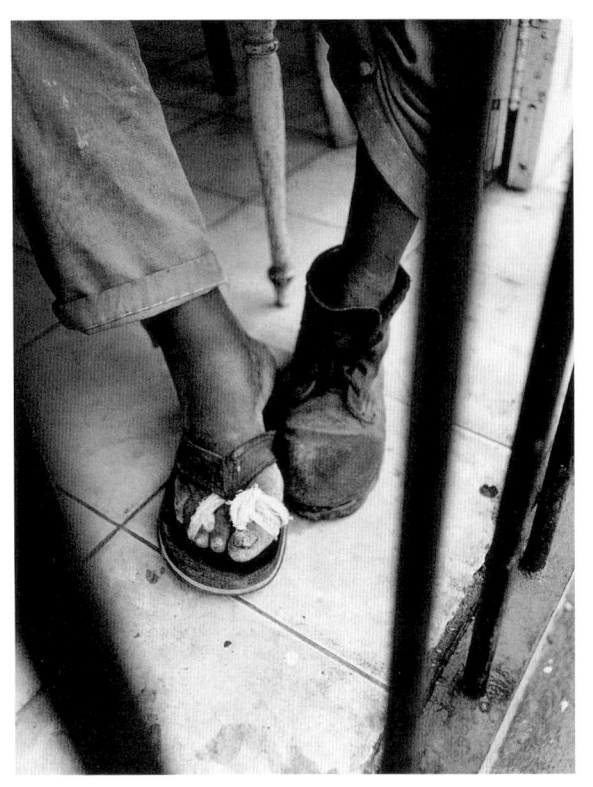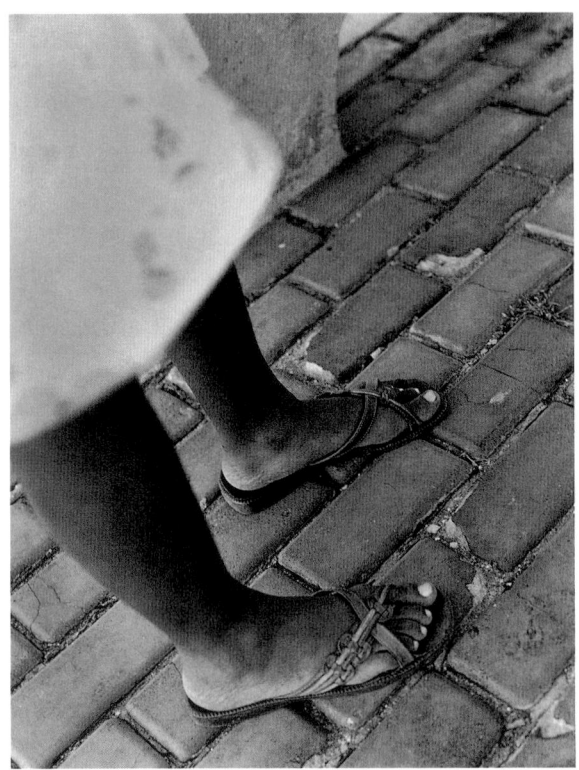

쿠바에서 돌아와서 사진을 인화하다보니 쿠바 사람들의 발을 찍은 사진이 몇 컷 있었다.
흔히들 얼굴과 손에서 그 사람의 살아온 흔적을 볼 수 있다지만,
나는 트리니다드의 경로당에서 마주친 할아버지의 맨발에서 그 흔적을 볼 수 있었다.
창틀 너머 앉아 계시던 할아버지의 상처 난 맨발에서 그가 살아온 고단한 삶이 느껴졌다.
아바나에서 만난 아주머니는 동네 골목에 나와서 하릴없이 쉬고 있었다.
가벼운 샌들 차림에서 편하게 산책 나온 아주머니의 한가로움이 묻어 나왔다.
때로는 부분이 전체를 말해주기도 한다.
그 상황, 그 사람의 분위기를 가장 잘 나타내주는 부분을 찾는 작업은 흥미롭다.

아바나 대학의 파파라치가 되다

호텔 리브리 근교에 있는 아바나 대학은 교정이 넓지는 않지만 스페인식 건물에 아름다운 조경이 지적인 분위기를 흠씬 풍기는 곳이다. 학생들도 쿠바 최고의 대학에 다닌다는 자부심이 있어 보였고 몹시도 영민해 보였다. 날씨가 좋아서인지 학생들이 벤치에 앉아 책을 보고 있는데 나를 보더니 사진을 찍지 말라고 한다. 그래도 그 모습이 하도 예뻐서 몰래 망원렌즈로 찍었다. 정작 사진 찍힌 당사자는 눈치 채지 못했는데 지나가던 학생들이 나를 보며 파파라치라고 웃으며 놀려댔다.

지나가던 흑인 친구 한 명이 내게 말을 건네왔다. 그는 아바나 대학에서 영문학을 전공하고 있다고 자기소개를 하며 영어로 물었다. 내가 영어는 잘하지 못하고 이태리어로 이야기해야 한다고 대답했더니 자기가 가장 가보고 싶은 곳이 이태리라면서, 이태리는 어디가 가장 아름다우냐고 눈을 빛냈다. 베니스와 피렌체를 소개해주었더니 로마에서 공부했느냐고 또다시 질문을 해왔다. 공부는 밀라노에서 했는데, 밀라노는 그닥 아름다운 곳은 아니라고 했더니 자기도 들은 바가 있다고 한다. 우리는 아예 자리를 잡고 이야기를 시작했다. 이런저런 이야기를 나누고 있는데 피아트 우노가 내 앞에 멈춰 섰다. 그렇지 않아도 이태리 이야기를 하고 있는데 유학시절 타던 차가 내 눈앞에 멈춘 것이다. 흑인 친구에게 "저 차랑 같은 차를 유학할 때 탔었어"라고 이야기해주었더니 유학하면서 차도 타느냐고 놀란다. 우리나라 유학생들은 차를 많이도 가지고 있는데 이 친구는 가당치 않은 일처럼 이야기해 내가 오히려 머쓱했다.

그때 그 차를 가지고 얼마나 고생을 했던지, 이제는 추억이지만 당시에는 악몽이었던 기억이 다시 스멀스멀 올라왔다. 차 없이 살고 있던 가난한 유학생인 나에게 지인이 귀국하면서 자신의 피아트 우노를 인수하라고 권했다. 그리 비싼 가격이 아니라서 선뜻 구입을 했는데 중고차는 함부로 사는 것이 아니라더니 바로 다음날부터 말썽을 부렸다. 차 주인을 공항에서 배웅하고 이제 차를 타고 다니면서 더 많은 곳을 갈 수 있겠다는 기대에 부풀어 있는데, 다음날 시동을 걸려고 하니 시동이 걸리지 않았다. 몇 차례 시도를 해보니 겨우겨우 시동이 걸리기는 했다. 그러나 정차 후 출발하려고 하면 시동은 다시 꺼져버렸다. 잘못 샀구나 싶었지만 차 주인을 직접 공항에 실어준 것이

바로 내가 아닌가. 그 다음날은 비가 왔다. 당연히 시동은 더더욱 걸리지 않았다. 시동을 걸다걸다 지쳐 트램을 타고 학교로 갔지만 이미 지각이었다. 그 차는 수리비만 100만 원을 넘게 들였다가 결국 차를 유지할 수 없어 한국 슈퍼마켓에 차를 팔겠다는 광고를 붙였다. 차를 사겠다며 찾아온 사람에게 우선 사정 이야기를 하는데, 이 사람이 그 차의 전 주인을 알고 있었다. 그러면서 하는 말이, 그때도 이미 말썽이 많은 차였다는 것이다. 전 주인도 이미 차의 상태를 알고 있었다는 것이 나를 더욱 속상하게 했다. 한 동네에 살면서 한국인이라고 서로 의지하고 살았는데…… 마음이 편치 않았다. 외국 나가면 한국 사람을 더 조심하라는 말이 무척이나 싫었는데 내가 이런 경험을 하게 되니. 고장 잦은 차보다도 그 말을 확인하게 된 것이 더 싫었다. 그 후에 차 주인이 밀라노로 출장을 왔기에 차 이야기를 꺼냈더니 그는 출장 마치고 한국에 돌아가서 내가 손해 본 돈을 물어주겠다고 했다. 하지만 6년이 지난 지금도 소식이 없다. 피아트 우노 사건은 안 그래도 IMF 시절이어서 힘들던 나를 금전적으로나 시간적으로 더욱 힘들게 했다.

　　흑인 청년과 이야기를 주고받는 사이에 어느새 다른 학생들도 이야기에 끼어들었다. 푸릇푸릇한 교정에서 아바나 대학생들과 즐거운 대화가 연신 이어졌다. 그들과 헤어져서 아바나 대학 교정을 여기저기 돌아다니고 있는데 조금 전에 이야기를 나누었던 친구 하나가 다시 찾아오더니 혹시가가 필요하지는 않느냐고 물었다. 나는 담배를 피우지 않는다고 하니 한국에 돌아가서 선물을 하라면서 사라고 자꾸 권한다. 학생들도 이렇게 아르바이트를 하나보다 싶어 하나 사주고 싶었다. 가격을 물으니 200페소를 부른다. 나에게는 너무 거금이었다. 호텔 숙박비보다 비싼 가격을 부르는데 도저히 사줄 수가 없어 돌아섰다. 돌아서서 곰곰이 생각하니 저 친구가 지금 나에게 바가지를 씌우려고 하는 게 아닌가 싶었다. 어린 학생이 나를 너무 쉽게 보고 있구나. 기분이 씁쓸했다. 부유해서 시간을 보내려 여행을 하는 것이 아닌데 말이다. 여행을 위해 아끼고 아껴 이런 시간을 갖고 있는 것인데, 그 친구의 눈에는 내가 너무 여유로워 보였나보다. 깎아주겠다고 계속 말을 거는 그를 뒤로 하고 나는 아바나 대학을 돌아나왔다.

쿠바의 아바나 대학교는 우리나라로 치면 서울대학교 격이라고 할 수 있다. 학교가 학교답다는 게 이런 것이구나 싶을 만큼 상업성이 배제된 학구적인 느낌이 묵직하게 다가오는 한편, 대학교 교정 안에 들어와 있는 장갑차가 이곳이 쿠바임을 느끼게 해주었다.

아바나의 밤거리를 걷다

저녁을 먹고 다음날 촬영 준비를 하다보니 어느새 10시가 되었다. 그냥 자려니 아직 기운도 남은 듯하고 어제 보아두었던 재즈 카페가 눈앞에 어른거려 밖으로 나섰다. 거리에 택시가 한 대도 없다. 그냥 걷기로 했다.

외국에 나오면 밤 시간은 숙소에 있는 것이 바람직하다. 외국에서 밤거리를 돌아다니는 것은 득보다는 실이 훨씬 많기 때문이다. 현지인들은 다들 일찍 가족과 함께 시간을 보내려 집으로 들어간다. 그러니 밤 시간에 할 일 없이 밖에 나와 있는 이들은 대부분 불량배나 건달일 경우가 많다. 그래서 나는 여행중에 밤거리를 혼자 걸어다니는 것을 피한다. 쉽게 범죄의 표적이 될 수 있기 때문이다. 여행을 하면서 내가 꼭 지키는 수칙이 몇 가지 더 있는데, 역이나 항구 주변은 되도록 빨리 벗어나는 것이다. 볼거리도 많지 않을뿐더러 유동인구가 많은 그런 장소에는 거친 사람들이 많다. 특히 그런 장소에서 말을 거는 사람이 있으면 좋은 얼굴로 거절하면서 재빠르게 자리를 뜨는 것이 중요하다. 현지인들도 많은데 눈에 띄는 동양인에게 무언가를 물을 이유가 뭐가 있겠는가. 원하는 것이 분명 따로 있는 것이다. 밤거리 걷지 않기, 역이나 항구 주변에서 빨리 벗어나기, 심상치 않게 말을 거는 사람들을 좋게 그러나 재빨리 벗어나기. 이것이 내 여행의 안전 수칙이다. 혹시나 하는 마음에 수칙을 어기면 꼭 좋지 않은 경험을 하게 된다.

하지만 쿠바에서는 이 수칙을 약간 어겨보고 싶었다. 50미터 간격으로 서 있는 경찰들, 자국민보다는 외국인에게 더 친절한 표정을 짓는 그들이 나를 안심시키고 있었다. 이곳의 경찰은 자부심이 강하기로도 유명한데, 뇌물을 받는 일이 거의 없고 자기 일에 항상 열심이라고 한다. 언뜻 보기에도 그렇다. 그래서 쿠바에서는 수칙을 잠깐 뒤로 하고 밤길을 걸어보았다.

저녁식사 후에는 항상 말레콘을 따라 걸어서 민박집으로 돌아가곤 했다.
그런데 그 길은 매일 저녁 다른 느낌으로 다가왔다.
마주치는 사람이 매일 다르고 밤을 밝히는 가로등 불빛의 느낌도 항상 새로웠다.

3 살사와 음악의 나라에 빠져들다

살사를 배우다

아바나에 도착해서 마리엘라에게 미리 부탁했던 살사 강습을 드디어 받으러 가게 됐다. 쿠바의 전통 살사를 직접 맛볼 수 있다는 기대 반으로, 그런데 몸치인 내가 과연 며칠 만에 배울 수 있을까 싶은 자포자기 반으로 마리엘라의 집으로 향했다. 쿠바에 오면 왠지 이들의 춤을 한번 배워보고 싶었다. 관광객을 상대로 하는 속성 강습이니 물론 깊이는 없겠지만 그래도 확실한 동작 하나는 흉내낼 수 있도록 가르쳐주겠지 싶어서 신청한 살사 강습이었다. 재미있는 경험이 되길 빌면서 강습소로 향했다.

장소는 마리엘라네 바로 옆집이었는데, 무허가로 주로 관광객만 상대하는 장소로 보였다. 강사는 쉰 살을 조금 넘긴 야무지게 생긴 아주머니였다. 그녀는 아들과 함께 강습 준비를 하고 있었다. 허름한 건물 외관과는 달리, 그녀는 살사에 대한 진지한 열정이 넘쳤다.

쿠바 살사는 다른 살사와는 달리 6박자로 이루어져 있는데 3박자씩 나누어서 움직이면 된다는 설명으로 강습은 시작됐다. 그들의 친절한 설명에 따라 나는 어설프지만 몸을 움직이기 시작했다. 얼마 추지도 않았는데 벌써 발목이 시큰거렸다. 처음치고는 아주 잘했다는 강사의 칭찬에 아픈 것도 잊고 조금 으쓱하기도 했지만, 다음날을 위한 거짓 위로임이 분명했다. 나도 거울로 내 모습을 보았으니 말이다. 금방 환상을 깨고 아픈 다리를 이끌고 민박집으로 발길을 옮겼다.

평범하고 허름한 건물이라도 쿠바의 건물들은 식민지 시절 스페인의 건축 기법을 그대로 보존하고 있어 작은 디테일 하나에도 오래 묵은 시간의 아름다움이 녹아 있다. 조지의 집으로 올라가는 계단 난간의 곡선에서도, 벗겨진 페인트칠의 흔적에서도, 허름한 조지의 방 풍경에서도 세월이 묻어났다. 계단을 올라가면 복도가 나오는데, 복도 창문 앞으로 들어오는 햇빛이 좋았다. 창문에 사람 그림자가 비치기를 기다려 셔터를 눌렀다. 그러나 왼쪽 아랫부분 벽에 비친 그림자는 기다린 것이 아니었다. 기다림과 우연이 만들어낸 합작품. 때로 한 장의 사진은 우연을 가장한 채 어느 순간 나에게 다가온다.

살사 선생 조지

다음날 아침 11시, 어제 배우던 살사를 마무리하기 위해 강습소를 다시 찾았다. 살사 선생 조지뿐만 아니라 그녀의 아들 오언과 그의 친구들이 함께 와 있었다. 어머니와 함께 살사를 가르치는 오언은 갓 스물을 넘은 젊은 쿠바 청년이다.

사실 집에서 춤 교습을 받는다고 하면 어릴 적 뉴스에서 보았던 춤바람 난 주부가 떠오른다. 조지의 살사 강습소는 오래된 건물에, 허름한 방 안 풍경이 '무허가' '불법'의 느낌을 더 강하게 느끼도록 했다. 그러나 비록 숨어서 받는 불법 살사 교습이었지만 나의 춤 선생 조지는 너무도 진지하였다. 자그마한 체구에, 옷도 헐렁한 티셔츠를 걸치고 있었지만 그녀가 살사를 추기 시작하면 알 수 없는 긴장감과 가벼운 흥분이 몸으로 느껴져왔다.

그들은 어제 배웠던 스텝을 복습하고 오늘 새로 배울 스텝을 찬찬히 설명해주었다. 어제 설명해준 쿠바 특유의 6박자 살사는 빠른 움직임이 생명인데 그 속도감 있는 스텝이 꽤 어려워 따라하기가 만만치 않았다. 내가 심각한 몸치, 박치가 아닌데도 자꾸만 박자를 놓쳐 흥을 깼었다.

그런데 오늘은 어느 정도 리듬을 타면서 제법 폼이 나 보였다. 오늘 강습은 어제 배웠던 스텝의 숙성과정인지, 파트너의 손을 잡고 돌리는 연습이 꽤 있다. 조지가 나에게 한국에 가서 강의를 해도 되겠다며 너스레를 떨었다. 그러나 그녀는 몰랐을 것이다. 내 다리에서 살짝 살짝 느껴지는 경련을. 이제 한 곡을 연습했을 뿐인데 다리에는 경련이 오고 있었다. 그냥 사진이나 열심히 찍으며 살아야겠다. 이걸로는 절대 밥벌이는 못 하겠다. 한 시간에 10페소을 주고 강의를 받은 것인데 시간도 다되고 다리에 이는 경련도 멈추질 않아 소파에 털썩 주저앉아버렸다.

소파를 얻다

조지의 살사 강습소에는 낡은 소파가 있다. 나는 나름대로 열심히 살사를 배우다가 다리에 경련이 일거나 잠시 휴식을 취할 때 소파에 털썩 주저앉곤 했다. 나는 그 소파가 무척 마음에 들었다.

어쩐 일인지 나는 가구 중에서 의자에 집착하는 편이다. 유학시절 이태리인들에게 배운 습관인지 모르겠지만, 가구 중에서 의자만은 고급스럽고 디자인이 잘된 것을 사고 싶다. 바닥에 앉기보다는 의자에 앉아 있는 시간이 의외로 많아진 요즈음은 더더욱 의자에 치중하게 된다. 좌식 생활을 하면 다리는 휘는 경향이 있지만 배는 잘 나오지 않는다고 하는데 내 배가 다소 불렀기에 의자를 좋아하는 걸까? 아니면 의자를 좋아해서 쉽사리 배가 나온 걸까?

연신 소파를 살피며 앉아 있는데 조지가 마음에 들면 가지라고 한다. 좋아, 그럼 이제부터 여기 앉을 때마다 돈을 내라고 했다. 한국으로 꼭 송금하라고 말이다. 조지는 물론 좋다며 응수한다. 살사 강습을 열심히 해서 한국으로 송금할 테니 걱정 말란다. 유쾌한 사람들이다. 여행의 즐거움을 배가시키는 사람들이다. 그녀의 호방한 웃음이, 함부로 돈을 요구하던 쿠바인들에 대한 안 좋은 인상을 전부 털어내 주면서 이곳에서의 시간을 더욱 빛나게 해준다.

나의 살사 선생님 조지네 집 거실에 놓여 있던
팔걸이 의자가 내 마음에 꼭 들었다.
낡아 터진 가죽 소파의 느낌이 좋았다.
나는 한 시간 내내 쉬지 않고 살사를 배우다
이 소파에 앉아 잠시 쉬곤 했다.
조지의 아들 오언도 춤 교습이 끝난 후에는
항상 이 소파에 앉아서 쉬곤 했다.

영국인 아가씨 캐서린

아침에 기분 좋게 일어나 조지네 집으로 향했다. 오늘의 강습은 6박자 스텝과 파트너를 왼손과 오른손으로 번갈아 돌리는 것이다. 조지의 칭찬에 힘이 났다. 오늘밤에는 살사 실습을 해도 되겠다는 말에 귀가 번쩍 뜨인다. 과연 할 수 있을까?

연습 후 소파에 앉아 쉬고 있는데 캐서린이 꽃과 초콜릿을 사들고 들어왔다. 캐서린은 앳된 얼굴의 스물세 살 영국 아가씨이다. 눈망울이 큰 것이 겁도 많이 보이는데 벌써 3개월째 여행중이고 6개월을 더 남미에서 보낼 것이라고 한다. 하는 짓도 귀엽기 그지없다. 발랄하면서도 지나치지 않는 정도를 아는 폼이 옆 사람을 기분 좋게 만든다. 캐서린은 아바나에서 보름을 머무르면서 매일 살사 배우는 것을 빼놓지 않았다고 한다. 그녀의 스텝은 내 눈에는 거의 프로로 보였다.

내 카메라로 찍기도 하고 캐서린의 카메라로 찍기도 하면서 한참 이야기를 나누었다. 한국에 돌아가서 사진을 보내주려고 주소를 달라고 하니 천천히 보내달란다. 자신은 6개월 후에나 영국으로 돌아갈 것이니 말이다. 여행 조심하라고 하니 함께 하는 여행 친구가 있어 괜찮다고 한다. 그래도 내가 가르치는 학생들 또래인지라 자꾸만 걱정이 되었다.

아바나 카페

리비에라 호텔에서 토요일에 있는 부에나 비스타 소셜 클럽의 공연을 예약했다. 다행이다. 좌석이 얼마 남지 않았다. 저녁을 먹으면 35에서 40페소, 공연만 보면 15페소였다. 혼자 앉아 저녁을 먹는 것도 어색할 것 같아서 공연만 보는 티켓을 끊었다. 공연에 대한 기대감에 발걸음이 가벼워졌다.

돌아오는 길에 메리아 코히바 호텔의 뷔페 식당에서 25페소를 주고 저녁을 먹었다. 가격이 가격이니 만큼 맛있는 것은 전부 있는 것처럼 보였다. 물자가 부족한 쿠바라고 하지만 외국인들이 찾는 호텔은 예외인 모양이다. 오랜만에 생선이며 고기며 야채를 실컷 먹었다.

금강산도 식후경이라고 하는데 여행에서는 먹거리가 무척이나 중요하다. 먹는 것이 부실하다보면 몸도 무겁고, 이런 느낌이 반복되면 피로가 풀리지 않게 된다. 그러니 컨디션을 유지하기 위해서라도 먹거리에는 신경을 써야 한다. 비싼 것을 먹기에는 부담이 되지만 너무 허름하게 인스턴트 식품으로 끼니를 때우다가는 긴 여행이 힘들어지고, 또 여행 한 번 하면서 몸이 상하게 되어버리면 다음 여행을 꿈꾸기가 어려워진다. 잘 먹으면서 여행해야 한다는 내 철학은 지금의 나의 바디라인을 만들어버렸지만, 여전히 여행을 계속할 수 있으니 나는 바디라인을 포기하고 여행을 얻은 셈이다.

식당에서 나와 일층에 있는 아바나 카페에 들러보았다. 미국의 어느 호텔에 있는 바를 그대로 옮겨 놓은 듯한 인테리어였다. 미국에는 아직 가보지 못했지만 이곳이 미국 스타일인 것은 단박에 알 수 있었다. 미국 차 콜벳과 할리데이비슨, 그리고 미그기로 장식되어 있는 카페에는 열세 명의 연주자가 연주를 하고 있었다. 물론 미국 음악이었다. 쿠바 속에 전형적인 미국을 담고 있는

아바나 카페의 열세 명 연주자 중 콘트라베이스 연주자가 특히 인상적이었다. 열일고여덟 살쯤 되어 보이는 앳된 모습이었지만 그 실력만큼은 달리 비할 데가 없었다.

모습이 아이러니했다. 미국 관광객이 가장 많으니 비싼 호텔에는 미국 스타일의 이런 장소가 주로 마련되어 있는 것 같다. 예전에는 헤밍웨이를 추억하는 장소도 미국인 취향으로 만들어져 있었으나 요즘은 헤밍웨이의 인기가 떨어지고 체 게바라가 동양인과 유럽인들에게 많이 어필하고 있는지라 체 게바라 관련 관광명소들의 인테리어 스타일 역시 바뀌는 추세라고 한다.

그런데 아바나 카페의 멋진 인테리어에 대한 감상은 크리스털 맥주의 가격을 보고 전혀 다른 국면을 맞게 되었다. 크리스털 맥주 한 병에 5.5페소. 보통 시중 가격이 1페소이니 다섯 배를 더 받는 셈이다. 맥주 가격만을 보자니 엄청난 가격 차이지만, 서비스료와 공연료가 포함된 것이라고 하니 어느 정도 수긍을 하게 된다. 공연료를 생각하면 크지 않은 돈으로 쿠바를 즐길 수 있는 장소라고 할 수 있겠다. 단, 크리스털 맥주를 한두 병 이상은 마시지 않는다는 전제조건 아래에서만 말이다.

아바나 카페에서도 나이 든 유럽인들과 젊은 쿠바 여성이 함께 들어오는 모습이 많이 눈에 띄었다. 내국인의 출입이 제한되는 곳인데도 쿠바 아가씨들이 노랗게 금발로 염색을 하고 화사한 눈웃음으로 무장한 채 돈 많은 외국인 노인들을 상대로 호객 행위를 하고 있었다. 인류 역사상 가장 오래된 직업이라니 슬픈 일이다. 그들의 젊음이 슬프고 그들의 젊음을 돈을 주고 구경하는 노탐도 슬프다. 앞에 앉은 유럽 노인들은 손녀뻘 이상 되는 아가씨들에게 와인을 권하느라 무척 바쁘다. 유럽 부호들의 유행 여행지로 쿠바가 한창 인기라니 그저 씁쓸하다.

중년의 여가수가 '예스터데이'를 구성지게도 부른다. 이어지는 '베사메 무쵸'도 분위기 탓인지 맛깔스럽기 그지없다. 노래는 그녀의 목이 아니라 몸 전체에서 뿜어 나오는 듯 보였다. 작은 몸집이었지만, 큰 홀을 메운 사람들의 시선만이 아니라 마음이나 추억까지도 끌어당기는 카리스마가 느껴졌다. 감동적인 공연 뒤 느껴지는 뻐근함을 고스란히 안고 민박집으로 돌아왔다.

쿠바에서 음악은 생활의 일부다. 길거리에서도 음악이 흘러나오면 다섯 살 꼬마에서부터 팔십 노인까지 흥얼거리며 몸을 움직인다. 아무리 작은 마을이라도 수준 높은 뮤지션들이 감동적인 연주를 들려주고, 사람들은 그 음악을 음미하며 즐긴다.

쿠바 뮤지컬은 모두 해피엔딩이다

오래간만에 맞는 휴일이다. 오스카도 늦게 일어나 10시쯤 늦은 아침을 먹고 나서, 한국에서 가지고 온 책들을 뒤적이고 있자니 슬슬 잠이 온다. 오전잠을 한숨 자고 일어나 느긋하게 올드 아바나로 발길을 옮겼다. 이들이 먹는 땅콩도 사먹고 길거리에서 파는 피자도 먹어보고 하면서 며칠 전 예약해둔 뮤지컬 공연을 보기 위해 아바나 극장으로 갔다. 공연 관람료는 외국인은 무조건 10불을 받고 쿠바인들은 자국 페소로 20페소를 받는다. 그러니 관광객인 까닭에 나는 이들보다 열 배를 훨씬 웃도는 돈을 지불하고 공연을 보는 셈이다.

공연은 조용한 마을에 기구를 타고 낯선 남자가 들어오면서 소란이 일고 모두들 이 기구를 타고 외부로 나가려 하는 내용이었다. 아마도 외부와 단절되어 살고 있는 쿠바의 상황을 풍자한 것 같았다. 사람들이 안정을 되찾고 행복하게 살아가는 마을의 모습으로 공연은 끝을 맺었다. 내가 보았던 동구권이나 사회주의 국가의 공연은 국민들에게 대리 만족이라도 주기 위한 것인지 이런 해피엔딩이 대부분이었다.

공연에 몹시 만족했는지 사람들이 기립 박수를 치며 환호했다. 뮤지컬의 내용이 공감가지 않아서 그렇지 무대 미술이나 배우들의 실력은 만만치 않아 나 역시 만족스럽기는 마찬가지였다. 낯선 남자가 기구를 타고 내려오는 장면에서는 실제 기구가 무대에 직접 등장하는 등 아이디어가 돋보였다. 자원이 부족한 나라이다보니 세트는 부실했지만, 무대의 색감은 몹시 세련된 점이 인상적이었다. 기본적으로 노래와 춤이 되는 민족이다보니 몸동작이 유려한 것은 차치하고 연기력만을 언급한다 해도 수준급 이상이었다.

스페인 문화, 아프리카 음악, 사회주의 체제가 가지는 공동체적 문화 감각이 쿠바의 현재 문화를 이끌고 있다고 하는데, 소박하면서도 주제를 명확히 거론하는 방식이 단순하지만 직설법이 갖는 적극적인 설득력이 있어 쉽게 극을 받아들일 수 있었다. 스페인어가 주는 산만한 느낌이 직설적인 설득력을 다소 흩뜨리긴 하지만 말이다. 이들과 함께 열렬히 박수를 치고 나니 오히려 더 극에 빠져드는 느낌이었다. 찬양할지라 군중심리여!

부에나 비스타 소셜 클럽

드디어 부에나 비스타 소셜 클럽 공연이 있는 날이다. 미리 예약해둔 공연을 보러 리비에라 호텔로 향했다. 공연 시작은 밤 10시다. 그런데 11시 30분이 되도록 공연은 시작하지 않고, 여러 명의 무희들이 나와 오프닝 공연만 한 시간 삼십 분을 했다. 오프닝 공연이라 처음에는 그리 기대를 하지 않았는데 공연이 진행될수록 제법 볼 만한 공연을 펼쳤다.

밤은 깊어져 어느새 자정이 가까워왔다. 드디어 기다리던 본 공연이 시작했다. 이곳에서는 두 개의 클럽이 양대 클럽으로 통하는데, 부에나 비스타 소셜 클럽의 원래 멤버 중 리더였던 꼼빠이 세군도의 아들이 이끄는 꼼빠이 세군도 부에나 비스타 소셜 클럽과, 기존의 다른 멤버들이 있는 부에나 비스타 소셜 클럽이 바로 그것이다. 내가 본 공연은 나머지 기존 멤버들이 있는 부에나 비스타 소셜 클럽의 공연이었는데, 세계적으로 사랑 받았던 부에나 비스타 소셜 클럽의 원 멤버들은 이제 세상에 몇 남아 있지 않다. 공연에 선 이들 중 옛 부에나 비스타 소셜 클럽 멤버는 현재 두 명밖에 없고 나머지 멤버들은 새로운 멤버이거나 옛 멤버의 자녀들이라고 한다.

피오 레이바가 무대에 나왔다. 피오 레이바의 공연은 열정적이면서도 애잔했다. 가슴 속에서부터 울려 나오는 듯한 깊은 목소리는 여전한데, 계속 서서 노래하기가 힘든지 앉아서 나머지 세 곡 정도를 부른다. 그는 허스키한 목소리, 카리스마 있는 무대 매너로 관객을 사로잡았다. 그러나 서 있기조차 힘들어 의자에 앉아서 나머지 노래들을 열창하는 그의 모습에서, 이제는 부에나 비스타 소셜 클럽도 전설이 되어 시간의 흐름 속으로 사라지고 있음을 느낄 수 있었다. 영화에서 보았던, 마치 밴드 전체가 혼연일체인 것 같은 그런 숨막히는 집중력은 느낄 수 없었다. 솔직히, 다소 관광객을 위한 공연 프로그램이 아닌가 하는 느낌도 없지 않았다. 그러나 그럼에도 여전히 그들의 음악은 영혼의 울림이 있었다. 사람들은 앵콜을 청하는데, 노래를 더 청하면 피오가 쓰러져버리지나 않을까 싶어 나는 청중들의 앵콜 소리가 반갑지만은 않았다. 공연이 마무리될 때 즈음에는 손자 같아 보이는 소년이 CD를 판다. 역시 장삿속이 보이는군 싶었지만, 공연의 감동에 젖은 나는 이런 장삿속마저 좋게 보고 싶었다.

    뒤이어 다른 팀들의 공연도 있었지만, 단체 관광객들은 본 공연만 보고는 자리를 떴다. 이들이 떠나고 나자 극장은 좀 횡한 분위기였다. 아까부터 내게 자꾸 콜라를 권하던 앞자리의 멕시코인들이 화장실에 간다는 말까지 하며 자리를 떴다. 나는 자리에 앉아서 계속 공연을 보고 있는데 극장의 웨이터들이 나에게 앞자리 멕시코인들의 음식 값을 지불하라고 한다. 황당해하며 나는 혼자 왔고 그들을 모른다고 하니 웨이터는 거의 울먹이기까지 했다. 그들의 월급이 20불인데 음식 값은 60불이 나왔다며, 콜라도 나누어 마시기에 동행으로 알고 감시를 소홀히 했다는 것이다. 내가 물어주지 않으면 그는 3개월 치의 월급은 물론이고 일자리도 없어질 판이라고 하니, 물어줄 밖에 별도리가 없었다. 콜라라도 받아 마실 것을 그랬다. 비싼 공연을 본 셈 치자. 여행을 하면 언제나 별별 일이 다 있게 마련인 것이다.

4 이야기가 담긴 여행사진

함께 호흡하고 느끼는 사진을 찍기 위해

요즘 사람들은 사진에 관심이 참 많다. 미니홈피마다 사진들이 넘쳐난다. 디지털카메라며 휴대전화에 딸린 카메라까지, 누구나 손쉽게 사진을 찍을 수 있고 포토샵을 이용하여 다듬을 수 있다. 많은 사람들이 내게 사진 잘 찍는 법이 뭐냐고 묻는다. 그런 질문을 받을 때마다 어떻게 대답해야 할지 곤란하다. 물론 이렇게 저렇게 찍으라고 이야기해줄 수는 있다. 그러나 그것이 전부는 아니다. 사진은 어떻게 보면 감이 많이 작용하는 작업이다. 정확한 데이터가 필요하지만, 그것만으로는 좋은 사진을 찍을 수 없기 때문이다.

사진을 업으로 삼고 있는 내게 사진은 사람과 삶을 담는 프레임이다. 어디에서 보았는지 기억나지는 않지만 내 마음에 가장 와 닿는 구절이 있다.

"사진을 찍기 위해서는 마음과 몸이 함께 따라가야 한다."

그렇다. 특히 인물 사진을 잘 찍으려면 마음을 열고 가까운 거리에서 찍어야 한다. 피사체에 과감하게 다가가야 한다.

그렇다고 무조건 카메라를 들이대라는 것은 아니다. 나는 사진을 찍을 때 불쑥 카메라를 들이대지 않는다. 삼각대를 설치하거나 하면서 너무 완벽히 준비를 하려 해도 자연스러운 사진을 얻을 수 없다. 인물 사진을 찍을 때, 나는 우선 말부터 건넨다. 나이가 몇 살인지, 어떤 것을 좋아하는지, 내가 무엇을 하는 사람인지 등을 주저리주저리 이야기하다보면 어느새 마음의 빗장이 열린다. 아이들에게는 사탕이나 껌을 건네기도 하고, 어르신들과는 맥주 한 잔을 같이 하기도 한다. 사실 사진을 찍는 시간보다 그들과 이야기를 나누는 시간이 훨씬 오래 걸린다. 그래야 사진에 그들의 매력이 자연스럽게 묻어나온다.

사실 인물 사진은 찍으면 찍을수록 어려워지는 것만 같다. 찍히는 사람의 감정을 끌어내는 과정이 수반되어야 하기 때문이다. 그럼에도 나는 인물 사진이 좋다. 순간을 포착하는 것이지만, 그 사진에는 시대와 상황이 고스란히 담겨 있다. 그러니까 쿠바에서 찍은 인물 사진은 사실 쿠바를 담고 있다고 할 수 있다. 내 사진은 1년 전 쿠바의 현 모습이다.

자신이 마시던 술병을 가지고 가면 1불을 받고 그 병에 럼주를 채워주는 가게가 있다.
가게 앞을 지나고 있는데 한 여인이 나에게 럼주 한 잔을 권한다.

"럼주 맛있는데 당신도 한 잔 할래?"

이방인인 나에게 럼을 권하는 그 마음이 고마워 선뜻 한 잔 받았다.
사진을 찍어도 되겠냐고 물었더니
그러면 자신의 술병에 럼주를 채워줄 수 있겠느냐고 되묻는다.
그녀의 술병에 럼주를 가득 채워주기 위해 나는 흔쾌히 1불을 지불했다.
술병을 받아든 그녀는 내 앞에서 기분 좋게 병째로 럼을 들이켰다.

공장 안을 들여다보니 빵 만드는 모습이 보였다.
호기심에 계속 기웃거리고 있는데 안에서 할아버지 한 분이 나오신다.
한 손에는 빵공장에서 지금 막 배급 받은 따끈한 빵이 담긴 주머니가 들려 있었다.
할아버지는 아까부터 내가 주변을 맴돌고 있는 것이 배가 고파서라고 생각하셨나보다.
한쪽 다리가 없어 목발에 의지한 채 힘들게 몸을 이끌어 다가오시더니
따끈한 빵 한 덩이를 말없이 나에게 건네셨다.
이 빵을 받으면 할아버지의 빵이 하나 줄어들 것을 알기에 그의 내민 손을
받아들이기도 힘들었지만, 이방인에게 아무 조건 없이 베푸는 그 따스한 마음을
단박에 거절하기란 더 힘들었다. 결국 나는 큰 미소를 보내며 그 빵을 받고 말았다.

세상에서 가장 따뜻한 건 바로 정이 아닐까.

할아버지가 아기를 앉고 길가에 앉아 있었다.
나는 할아버지에게 다가가 말을 걸었다.

"할아버지, 그 아기는 누구예요?"
"응. 내 손녀야."
"지금 손녀 돌보고 계신 거예요? 날도 더운데 제가 맥주 한 잔 대접할까요?"

그러자 할아버지는 입술에 손가락을 갖다댔다. 쉿, 조용히 해. 우리 손녀 잠 깰라.
품 안에서 잠든 손녀를 바라보는 할아버지의 눈길이 마냥 따스했다.
나는 더 이상 말을 걸지 않고 그냥 조용히 셔터를 눌렀다.

마음은 비우고 여행은 즐기기

오늘은 가게에서 이것저것 쇼핑을 해봐야겠다고 마음을 먹었다. 쿠바 페소를 한번 써보고 싶어서 어제 리브리 호텔 앞에서 시계를 고치는 사람에게 미리 환전도 해둔 상태였다. 우선 1.5리터짜리 물을 3페소에 사고, 엽서 판매대에서 3페소를 주고 아바나 지도를 샀다. 허름하기 그지없는 지도였다. 도무지 이 지도로는 길을 찾을 수 없을 것처럼 보였다. 이런 지도도 돈을 주고 사야 하다니. 밀가루로 만든 감자튀김 모양의 과자도 2쿠바 페소를 주고 사먹었는데 먹을 만했다.

이것저것 쇼핑한 자잘한 물건들을 손에 들고 민박집으로 발길을 옮겼다. 눈도 좀 부치고 점심도 먹어야겠다 싶어서였다. 잠시 눈을 부치고 일어나 주방으로 갔는데 이사벨이 없었다. 남의 식기를 함부로 쓸 수 없어 기다리고 있자니 마침 타이티가 와서 가스불을 켜준다. 아무래도 싫어하지 싶어 한국에서 가져간 그릇을 사용하기로 하고 라면을 끓이고 있는데 타이티가 옆에서 밥솥의 누룽지를 긁어내고 있다. 이곳에서는 누룽지를 그냥 버린다는 것이다. 누룽지를 조금 얻어 라면에 넣으니 훌륭한 누룽지 라면이 되었다. 배가 부르니 또 늘어졌다. 많이 먹은 탓도 있지만 열네 시간의 시차로 인한 피로감이 쉽사리 가시질 않는다.

4시쯤 일어났다. 아까 엽서 판매대에서 구입한 지도를 펼쳐 보았더니 리비에라 호텔이 눈에 들어왔다. 리비에라 호텔은 부에나 비스타 소셜 클럽의 공연이 있는 곳이다. 민박집을 나서 걷다가 현지 택시가 있기에 리비에라 호텔까지의 가격을 물었다. 5페소. 택시 문을 닫으니 다시 4페소. 그냥 걸을랍니다. 민박집 앞에서 길을 가르쳐주었던 사람이 차를 몰고 가면서 자기가 태워주겠다고 손을 흔들었다. 고마운 마음에 얼른 올라탔다. 2, 3분 정도 가니 말레콘 바로 앞에 리비에라 호텔이 있다. 고맙다고 인사하며 내리려는데 기름 값이 없다며 2페소를 달라고 한다. 처음 탈 때만큼 고마운 기분은 아니었지만 워낙 물자가 모자란 곳이니 어쩔 수 없이 저리 된 것이겠지 싶어 선뜻 건네주었다. 그런데 차 쓸 일이 있으면 연락하라며 명함을 준다. 자주 하는 아르바이트인 모양이다. 내가 순진했다.

6, 7년 전 핀란드 산타 마을이 있는 로바니에미에서 나를 공항까지 태워주었던 트럭 기사가 생각났다. 눈은 펄펄 내리고 택시는커녕 지나는 차도 없는 길에서 쩔쩔매고 서 있는데 다가와 차를 멈추더니 어딜 가느냐고 물었다. 공항으로 간다고 하니 날씨가 좋지 않아 택시는 오지 않을 거라며, 자기는 시내를 가지만 타라고 하더니 폭설을 뚫고 나를 공항까지 태워다주었다. 나중에 안 일이지만 근 10여 킬로미터 이상을 돌아간 것이었다. 고마움의 표시로 담배 한 갑을 주니 극구 사양했다. 나 역시 고마운 마음을 표현할 다른 방법이 없어 억지로 담배를 던지다시피 하고 차에서 내렸다. 차를 돌리면서 그는 내게 핀란드에 대한 좋은 기억을 간직하고 즐거운 여행 되라면서 손을 흔들어주었다.

　　여행의 횟수가 많아질수록, 만나는 사람이 다양할수록 사람에 대한 애증은 깊어만진다. 황당한 사람을 만나거나 눈물 나게 고마운 사람을 만나거나 예전처럼 충격을 받지는 않지만, 어떤 부류이건 간에 사람에 대한 애정이 더 강해지는 것을 느낀다. 황당한 사람의 경우는 이해하려고 노력하는 마음의 여유가 생겼고 고마운 사람들을 만날 때는 '역시 사람이 좋다'라는 확신을 갖게 된다.

　　옛 선인들은 산에 올라 눈 아래 펼쳐진 자연과 저 멀리 뻗어 있는 풍광을 바라보며 호연지기를 키우라고 했지만, 나는 자연보다 사람들을 만날 때 그런 마음이 더 생기는 것이 아닌가 싶다. 호연지기의 사전적 뜻이 '1. 하늘과 땅 사이에 가득 찬 넓고 큰 정기 2. 공명정대하여 조금도 부끄러울 바 없는 도덕적 용기 3. (잡다한 일에서 벗어난) 자유롭고 느긋한 마음'인데, 이 중에서 세 번째 항목은 여행을 하면서 사람들을 접할 때 꼭 필요한 태도인 동시에 여행을 통해 가장 많이 길러지는 마음임을 느낀다.

　　'자유롭고 느긋한 마음'은 일상을 떠나 여행을 나서면 당연히 가지게 되는 마음이 아닐까 싶지만, 실제로 여행을 하다보면 일상생활에서보다 더 욕심을 내면서 안달을 하는 젊은 여행객을 많이 만나게 된다. 지식을 쌓아가겠다는 젊은이들의 이런 태도를 뭐라 할 수는 없지만, 지식을 집어넣을 수 있는 넓은 마음을 만들어가는 것이 인생에 더 큰 도움이 될 것이다.

　　사진여행도 마찬가지이다. 단지 사진을 위한 피사체로 바라보는 풍경들은 오히려 머릿속에 허상만을 심어줄 수도 있다.

내가 사랑하는 골목길 풍경

유적지와 유명 관광지만 골라다니는 여행을 한 적이 있다. 다녀오면 아무것도 남지 않고 기념사진 몇 장만 남는 그런 여행.

언제부터인가 현지인들에게 다가가기 시작했다. 평범한 골목들을 걸으며 그들에게 다가가 말을 섞고 함께 웃고 그리고 그 모습을 자연스럽게 카메라에 담았다.

쿠바에서도 골목골목 많이 돌아다녔다. 햇살이 비치기 시작하는 거리 사이로 사람들이 움직거리며 아바나의 아침이 시작되고, 잔뜩 기울어진 느릿한 햇살 사이로 아바나의 저녁이 내렸다.

아바나를 떠나기 하루 전 서점에 들렀다.
그리고 한 컷의 사진을 보게 되었다. 그저 우연이었다.
햇빛이 역광으로 들어오는 아바나의 골목 풍경을 잡아낸 컷이었다.
아, 왜 나는 이런 생각을 못 했을까. 내일이면 나는 쿠바를 떠나야 했고
당연히 가져온 필름도 거의 다 소진한 상태였다.
하지만 우연히 발견한 그 사진 속 풍경의 느낌을 만나고 싶어
나는 안달이 났다. 쿠바를 떠나는 날 아침,
평소보다 일찍 올드 아바나로 나가 비슷한 느낌의 거리를 찾아
골목골목을 헤매기 시작했다. 쉽지 않았다. 찾을 수가 없었다.
그만 포기하고 돌아오는 저녁길, 우연히 만난 골목의 한 장면.
아마도 내가 본 가장 아름다운 골목길이 아닌가 싶다.

우리 돈으로 500원 정도 하는 간단한 스파게티와 피자를 파는 길가 가게에 사람들이
줄을 서 있었다. 자신의 가정집에 주방을 차려놓고 현지인들에게 저렴하게
스파게티와 피자를 파는 이런 가게들은 아바나의 길가에서 흔히 볼 수 있다.
코코 택시가 한 대 서더니 기사가 스파게티를 한 그릇 주문해서 택시 안으로 들고 들어갔다.
두 명의 소녀가 주문한 스파게티 그릇을 받아들더니 길거리에 자리를 잡았다.
그때 코코 택시 기사가 소녀들을 불렀다.
"괜찮으니까 택시 안으로 들어와서 앉아서 먹으렴."
집에서 들고 나온 그릇에 스파게티를 받은 소년은 그릇을 깨끗이 비우고는
입맛을 다시며 다시 집으로 돌아갔다.
그들 틈에 섞여 있던 나에게 스파게티 가게의 짧은 순간들은
하나의 스토리가 담긴 사진으로 남았다.

아이들의 표정

쿠바의 아이들은 흰자위가 두드러지는 맑고 큰 눈을 가지고 있다. 그지없이 착해 보이는 커다란 눈동자, 활짝이라기보다는 수줍게 미소 짓는 웃음이 오히려 더 따뜻했다.

나는 아이들에게 "웃어봐" "이런 표정을 지어봐"라고 요구하지 않는다. 아이들이 내 카메라를 향해 보여주는 표정 그대로를 담을 뿐이다.

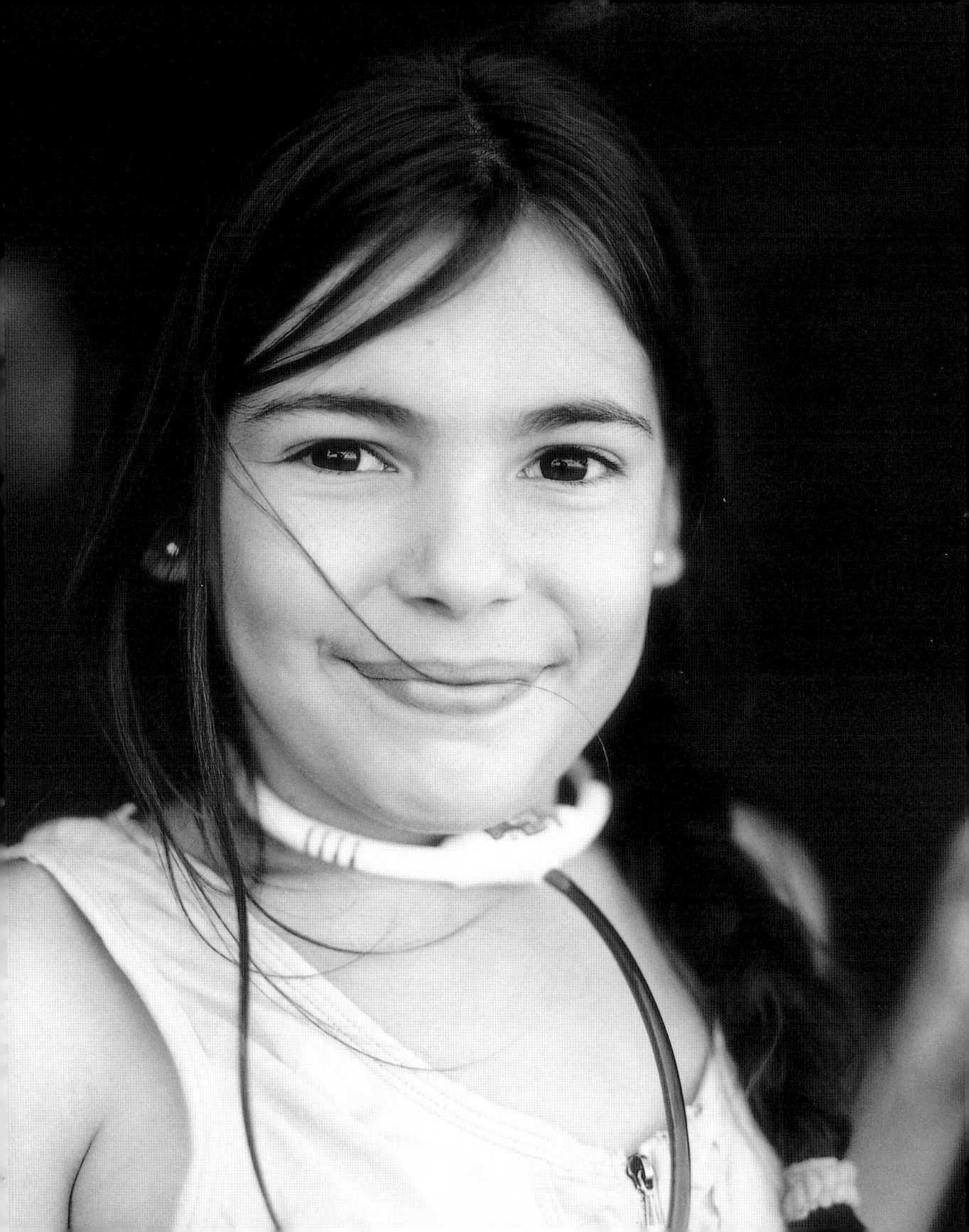

아바나 국립극장 앞에서 발레복을 입은 꼬마 아이들이 모여 있었다.
발레복 밖으로 삐죽 나와 있는 꽃무늬 팬티가 너무 귀여웠다.
아이들에게 말을 걸었다.
"얘들아, 아저씨가 너희들 사진 찍어줄까?"
아이들 모습을 카메라에 담고 있는데 발레 교사가 내게 다가오더니
아이들에게 흥미 있느냐며 이층 발레교습소로 나를 안내하였다.
초롱초롱한 눈빛의 여자 아이들이 발레 연습을 하고 있었다.
"얘들아, 이 아저씨가 너희들 사진을 찍어주고 싶으시대."
그녀는 아이들에게 나를 소개해주었다.
타이즈를 입은 꼬마 발레리나들이 줄줄이 앉아 카메라를 향해 포즈를 취해주었다.

아바나의 명물들

부에나 비스타 소셜 클럽 이외에도 '쿠바' 하면 떠오르는 대표적인 것들이 몇 가지 더 있다. 아바나 대학 쪽에서 바라본 골목길은 쿠바의 상징적인 이미지처럼 느껴졌다. 이 길을 쭉 걸어 내려가면 흰 포말이 부서지는 말레콘이 이어진다. 낡았지만 운치 있는 거리에는 오래된 성당과 쿠바 사람들의 보물 1호인 클래식 카가 묘한 대조를 이루며 서 있다.

아바나 성당은 쿠바에 오는 관광객들이 거쳐 가는 필수 코스인 것 같았다.
성당 앞에는 가이드의 설명을 듣고 있는 단체 관광객들이 무리지어 있었다.
스페인 점령 시절 스페인 양식으로 지은 아바나 성당은
건축학적으로도 매우 중요하다며 가이드가 열심히 설명하고 있었지만,
나는 그런 거창한 의미보다는 성당의 전체적인 모습과 그 앞에 서 있는
마차에 더 눈이 갔다. 그 풍경을 전체적으로 잡아보고 싶었다.
관광객 무리에서 빠져나와 전체 풍경이 한눈에 잡힐
적당한 거리를 두고 자리를 잡았다.
때마침 비둘기들이 날아오르고 있었다.

백 년도 더 넘었다는 옛날식 카메라는 아바나의 명물이다. 사진을 전공한 나이지만 이런 옛날 카메라는 실제로는 처음 보았다. 이 카메라는 셔터가 달려 있지 않은 대신 앞의 뚜껑을 여닫아 빛의 양을 조절했다. 그리고 통의 뒤편에서 바로 현상이 이루어지고 프린트도 그 자리에서 바로 되었다. 정말 말 그대로 사진을 '만들어주는' 솜씨 좋고 정겨운 사진사 아저씨였다.

유명한 관광지나 유명한 사물은 어떤 점을 강조할지 그 핵심을 결정하는 것이 무엇보다 중요하다. 인상 좋은 사진사 아저씨를 강조할 수도 있었지만, 나는 옛날 카메라 그 자체가 흥미로웠다. 옛날 카메라의 키에 내 눈높이를 맞추어 구도를 잡고, 방금 촬영한 사진이 프린트되어 나오는 그 순간을 기다려 셔터를 눌렀다.

쿠바에서 만난 한국

아바나 극장에서 리브리 호텔 쪽으로 걷다보면 차이나타운이 보인다. 역시 중국인은 세계 어디에서나 군락을 이루고 있음을 새삼 실감한다. 이곳저곳 기웃거리는데 한 가게 주인이 나를 보더니 한국인 아니냐며 아는 체를 했다. 기쁜 마음에 들어가 주문을 하고 음식 나오기를 기다리고 있는데 한국인 단체 관광객이 들어온다. 반가운 마음에 말을 걸었다. 그들은 한국과 쿠바 교류 차원에서 이곳에 공연을 온 대전오페라 단원들이었다. 두 곳의 지방과 아바나에서 공연을 갖기로 되어 있다고 했다. 꼭 보러가겠다고 약속을 잡고 보니 29일. 예정대로라면 산티아고데쿠바에 있어야 할 시간이다. 일정을 변경해야 한다.

여행중에는 이렇게 만나는 사람들로 인해 불가피하게 일정을 변경할 때가 많다. 민박집이나 역에서 마음에 맞는 친구들을 만나 일정을 변경하고 동행하는 일은 종종 있는 일이다. 일정만을 쫓으려고 했던 것이 예전의 여행 스타일이었다면, 요즈음은 이렇게 사람에 치중하다보니 계획한 일정에 변동이 많다. 여행의 테크닉적인 면을 생각할 때 이런 일정의 변경은 처음의 계획과는 다소 다른 결과를 가져오기도 한다. 그래서 여행 초보자라면 일정을 따르는 것이 더 좋다. 보고 싶은 곳과 하고 싶은 일을 정한 뒤 그것만은 일정에서 빠지지 않도록 조정해야 여행에서 돌아와서 후회가 없다. 하지만 일정이 넉넉하다면, 혹은 여행 경험이 많다면 다소간의 변경이 용이하다. 좋은 사람들을 만나 함께 시간을 보내는 것은 자신이 원하는 것을 보고 경험하는 것보다 어쩌면 더 아름다운 추억을 만들어낼 수 있기 때문이다.

이 일행을 이끄는 사람은 김동우 사장으로, 이곳 쿠바에서 한국사람으로는 유일하게 자리를 잡고 있는 인사라고 한다. 김 사장은 30일에 한글학교 개교식이 있다면서 즉석에서 나를 초대해주었다. 물론 참석하고 싶다. 그리하여 아바나에서의 일정은 또 늘어나게 되었다. 원래 김동우 사장이 경영하는 사업체 직원들이 한국에서 이민 온 이민 5세, 6세들을 위해 한글 교육과 역사 교육을 시행해오던 것을 이번에 호세마르티 재단의 후원에 힘입어 정식으로 한글학교를 개교하게 되었다고 한다.

민간 외교관 김동우 사장. 그가 다시 보였다. 나는 왜 외국에 나오면 한글이나 우리 역사를 전하는 사람들에게 이토록 감동하게 되는지…… 우리 것에 대한 인식이 한국 안에서는 크게 작용하지 않고 있다가, 외국에 나와서 같은 뿌리를 전하는 사람들을 만나게 되면 이토록 마음이 흔들린다. 유학생활에서 경험하게 된, 완전한 동화는 이루어지지 않는다는 인식이 같은 뿌리를 가지고 있다는 것에 대한 집착이 된 것이 아닌가 싶다. 우리나라 사람들의 이태리어 실력은 이태리인의 그것과 다를 바 없다. 특히 경상도 사투리를 쓰는 사람일 경우는 이태리에서 나고 자란 사람의 억양과 구분이 되지 않는다. 그래서 이태리에서 공부할 때, 한국에서 음악을 공부하는 사람들이 이태리인을 제치고 각종 콩쿠르에서 최고상을 받는 것을 많이 보았다. 물론 이태리인들의 시샘도 대단해 외국인에게는 대상을 주지 말자는 움직임까지 있었는데, 이런 움직임의 주원인은 바로 한국인 성악가들이었다. 노래도 잘하지 발음도 구분이 안 되지, 우리들을 배척할 방법이 없었던 것이다. 그러나 이런 와중에도 그들과 우리는 무언가 달랐다. 아무리 현지에서 오래 살아도 머릿속에 있는 모국어의 흔적은 형이상학적인 대화에서는 무언가 걸림돌을 느끼게끔 했다. 물론 부모자식간이라도, 몇십 년을 함께한 부부라 할지라도, 사람들 간에 의견의 차이는 있을 수 있다. 그래도 우리끼리는 어떤 형언할 수 없는 공감대가 분명 존재하지 않는가.

김 사장의 집까지 구경을 가게 되었다. 쿠바 커피의 진한 향기까지 체험하고 나니 가슴이 꽉 찬다. 좋은 사람을 만나는 이 여행이 정말 좋다. 행복한 하루다.

한국에서 온 대전오페라 단원들과의 약속을 지키기 위해
계획된 일정을 변경하고 아바나로 다시 돌아왔다.
오스카의 집에 짐을 두고 나와 그랑 아바나 극장으로 향했다.
우리나라로 치면 국립극장에 해당하는 그랑 아바나 극장에서 대전 오페라 단원들이 오페라
〈카르멘〉을 공연한다. 분장실로 가서 백 스테이지에서의 단원들의 모습을 몇 컷 찍고
이층으로 올라가 공연을 보았다. 오페라는 수준이 몹시 높았고 특히나 바리톤 가수의 열창은
기립박수를 이끌어내었다. 이태리에서도 한국 성악가들의 활약을 익히 보아왔지만
역시 우리 민족의 목청은 세계 최고다.

한글학교의 개교식이 있는 날, 김동우 사장 집으로 가서 함께 학교로 향했다.
쿠바 호세마르티 재단과 손잡고 한국인과 쿠바인들을 위해 한글학교를 개교하게 된 것인데,
이곳이 바로 우리가 아는 애니깽의 나라인 만큼 그 의미가 깊다.
내가 떠남을 반복하는 것은 돌아갈 곳이 있기 때문이다. 하지만 그들은 돌아갈 방법이 없었다.
말도 통하지 않고 돌아갈 방법도 없는 머나먼 이국땅에 와서 고생했을
우리 선인들의 막막함이 전해오는 것 같아 가슴 한구석이 답답해졌다.
쿠바 한글학교 마당의 용설란 화분에 쿠바의 뜨거운 태양이 소리 없이 그림자를 드리우고 있었다.
이곳의 용설란을 보면 우리 땅에서 나는 그것과는 달리 가시가 칼같이 굵고 강하게 생겼다.
이 용설란이 바로 애니깽이 아닐까 하는 생각이 들었다.

"치노! 치노!" 외국인 관광객을 흔히 볼 수 있는 쿠바에서도 동양인은 아직 낯선 존재이다.
아이들은 낯선 동양인인 나를 발견하고는 "치노 치노"를 외치며 호기심 가득한 얼굴로 몰려들곤
했다. 동양 사람이 지나가자 역시나 장난꾸러기 녀석들이 우르르 달려와 무술 포즈를 취하며
'치노'를 외쳤다. '치노'는 '중국인'이라는 뜻이다. 동양인 관광객이 귀해서 익숙치 않은 탓도
있겠지만 그네들에게 동양은 아직 중국이었다.

5 순박한 웃음의 도시 비날레스

비날레스 가는 길

엊저녁 집에 들어오면서 오스카에게 오늘 아침 7시 30분에 출발할 거라고 이야기했더니 택시를 불러주겠다고 했다. 그런데 친절은 여기까지인가보다. 분명히 오늘 아침식사까지 포함해서 숙박비를 지불했건만 아침은 권할 생각도 않는다. 떠나는 날에는 아침도 없구나 싶은 서운한 마음이 든다. 짧은 며칠이었지만 그동안 나 혼자서 이들을 가족으로 여기고 있었구나 싶기도 했다. 오스카는 그래도 부스스한 얼굴로 나와 인사는 잊지 않았다.

어제 저녁에 짐을 챙겨놓았어야 했는데 정전이 되는 바람에 그냥 잠을 잤다. 아침에 일어나 이것저것 준비할 생각에 잠을 설쳐서 그런지 몸이 찌뿌드드했다. 먼 길은 아니지만 그래도 버스를 타야 하는데 걱정이 되었다.

쿠바는 정전이 잦다. 정전이 잦으니 정전이 되면 모두들 자연스레 일을 접곤 한다. 다들 일시의 동요도 없이 별일 아닌 듯 받아들인다. 정전이 되면 치안에 문제가 생기지 않을까 싶기도 하지만 전혀 그렇지 않다. 수력발전소가 있기는 하지만 이곳의 전기는 수입된 원료를 사용한 화력발전소가 대부분이다. 당연히 전력은 모자란다. 또 이태리 생각이 났다. 그곳도 전기료가 무척 비쌌었다. 쿠바처럼 정전이 잦지는 않지만, 집주인들이 밤마다 순찰을 돌며 등을 끌 정도로 전기세가 비쌌다. 수력발전을 위한 댐을 만들지 않기 때문에 스위스 등지에서 전력을 수입하는 탓이다. 이태리는 관광 자원인 자신들의 자연 환경이 훼손되는 것을 막기 위해 댐을 건설하지 않는 것을 원칙으로 하고 있다.

오전 8시 비아술 버스 터미널에 도착하니 어제 중국 음식점에서 만난 말레이시아인 메리와 그녀의 남자친구 트로이가 보인다. 이들도 나와 같은 행선지인 비날레스로 간다고 한다. 길동무가 생겼다. 버스에 오르니 며칠 전 말레콘에서 눈인사만 했던 멕시코인이 타고 있었다. 반가운 얼굴들이 있으니 훨씬 안심이 되는 기분이었다. 모두들 잘 안 되는 여러나라 말로 자신들 이야기를 하면서 여행의 기분을 만끽한다. 영어, 이태리어, 스페인어, 여기에 각자의 자국어까지 더해져 어느 순간에는 말하는 자신도 자기가 말하려는 것이 무엇이었는지 헷갈릴 정도이다.

비날레스로 가는 길은 아마도 파라다이스로 향하는 길목이 이렇지 않을까 싶을 만큼 아름다웠다. 멀리 보이는 산에는 야자수와 아름드리 나무가 너무도 멋진 구도로 서 있다. 자연의 황금비율은 이렇게 신이 만든 것을 그대로 두었을 때 가능한 것이리라. 세계 최고의 조경 전문가도 이런 비율, 이런 풍경은 만들어낼 수 없다. 이 자연을 존재케 한 어떤 존재가 있다면 고개 숙여 경의를 표하고 싶었다.

비날레스에 도착하니 자신들의 민박집을 알리는 호객꾼들로 터미널은 인산인해를 이루고 있었다. 한 집 건너 한 집이 민박집이니, 이 마을 세대의 반 이상이 지금 터미널에 나와 있다고 생각해도 될 정도다. 나는 미리 정해둔 민박집이 있었는데, 둘러보니 그 민박집에서 내 이름을 종이에 써들고 마중을 나와 있었다. 낯선 곳에서 마중을 받는 일은 기분 좋은 일이다. 나는 마치 선택받은 사람인양 내 이름을 들고 있는 사람에게로 가볍게 걸어갔다.

순박한 웃음의 도시

민박집 주인 테레사를 따라 간 집은 스카이블루 빛의 아담하고 예쁜 집이었다. 아침과 저녁을 포함해서 24불에 계약을 하고 나니 테레사의 딸이 환영 음료를 내왔다. 오스카 집에서는 찾을 수 없던 친절함이다. 무슨 음료인지 맛도 좋았다.

집을 나서니 멕시코인 친구가 먼저 나와 있다. 전형적인 멕시칸의 모습을 보여주는 이 친구는 얼마 전 당했던 60불의 사기 행각을 모두 잊게 해줄 만큼 인상이 좋았다. 게다가 사진을 찍는 사람이라고 해서 내 관심을 더 끌었다. 30대 아저씨 특유의 넉넉함도 지니고 있어 함께 편안한 시간을 가질 수 있었다. 우리는 같이 길을 걸으며 이런저런 이야기를 나누다 바에서 맥주도 한 잔하며 유유자적한 시간을 보냈다. 쿠바에 온 이후로 쿠바 맥주인 크리스털을 하루에 한 병 이상씩 마셔온 것 같다. 우리나라 맥주보다 도수가 높아 한 병만 마셔도 약간 취기가 오르는데도 목 넘김이 너무 부드러워 유혹을 이길 수가 없다. 바에서 나와 사진을 찍으며 걷는데 저쪽에서 메리와 트로이가 걸어오고 있었다. 다시 뭉친 다국적군들이다.

메리와 트로이가 내일 일정을 물어보기에 오토바이를 렌트해서 근교를 돌아볼 것이라고 하니 자기들은 차를 렌트해서 주변을 돌아볼 것이라면서 동행을 권했다. 아무래도 오토바이보다는 차가 더 편하지 않을까 싶기도 하고 이들과 함께 하고 싶기도 해서 그러자고 했다. 즉석에서 의기투합해 50불에 차를 렌트하고 내일 아침 8시 30분에 출발하기로 했다. 마음이 잘 맞는 친구들이다.

비날레스는 마치 우리나라의 안동과 같은 분위기이다. 쿠바 전통 가옥이 그대로 남아 있고 사람들도 다른 도시에서 만난 쿠바인들과는 달리 조금 수줍음을 타는 듯이 보였다. 동네 한 바퀴를 도는 데 몇 시간 남짓이니 작은 동네인데, 예스러운 분위기에 품위가 넘친다. 두세 시간이면 모두 돌아볼 정도의 작은 도시여서 그런지 비날레스 사람들은 아바나 사람들과는 비교되지 않을 정도로 친절하고 순박하다. 우리나라의 시골 인심이 여기서도 똑같이 느껴졌다. 사람은 공간 확보 본능이 있다고 하는데, 확보되는 공간이 작은 도시에서는 마음의 여유가 없어 서로 불신하게 되는 것이 아닌가 싶다. 넓은 공간에서 자연스레 확보되는 자연 공간은 사람의 아름다운 본성을 이끌어내는 것 같다. 비날레스의 사람들은 모두가 미소를 머금고 있었고 친근해 보였다.

오는 길에 소란스러운 소리가 들려 소리의 진원지를 찾으니 야구장이 있었다. 이런 작은 도시에 훌륭한 잔디가 완벽히 깔린 야구장이 있다니, 역시 야구의 본고장답다. 야구의 진원지는 미국이 아닌 바로 이곳 쿠바다. 아마야구의 최강이 이곳 쿠바다. 프로야구 선수들까지 국가 대항전에 나서는 요즈음은 다소 밀리고 있지만, 아마야구인들만으로 구성된다면 쿠바 선수들이 최고가 아닐까 싶다. 멋진 플레이를 하는 흑인 학생에게 사진을 찍겠다고 부탁하니 무척이나 쑥스러워한다. 내 응원에 힘입어서일까? 그 친구는 홈런까지 멋지게 날렸다. 설득에 설득을 더해 스윙하는 모습을 찍고 집으로 돌아섰다.

집에는 테레사가 맛있는 닭요리를 만들어놓았다. 손님 덕에 포식한다며 할아버지, 할머니, 손녀들도 즐겁게 식탁에 앉는다. 그리고 마치 한 식구처럼 모두 함께 식사를 했다. 이들의 푸근한 모습에 더욱 식욕이 솟았는지 과식을 하고 말았다. 저녁식사를 마친 후, 메리와 트로이 일행과의 맥주 약속 때문에 다시 집을 나왔다. 그런데 길이 어긋난 건지 그들을 만나질 못하고 혼자 이리저리 구경을 하다가 음악 소리가 들리는 바로 들어갔다. 콜라와 럼을 섞은 칵테일인 쿠바 리브리를 한 잔 주문하고 자리를 잡았다. 작은 바에서 음악을 하는 사람들인데도 실력이 만만치 않아 보인다. 춤사위며 무대 매너가 예사롭지 않다. 비날레스는 분명 작은 시골인데도 이 정도 수준의 음악가들이 있다니. 역시 춤과 음악을 사랑하는 민족이라고 할 만하다.

저녁에는 약간 한기가 돈다. 우리나라의 늦가을 날씨 같다. 나는 내 세상 만난 것처럼 지내기 좋은데 모두들 춥다고 난리다.

비날레스를 이리저리 돌아다니다가 골목 바닥에 파프리카를
내다 팔고 있는 아저씨를 만났다.
"아저씨, 파프리카 직접 키우신 거예요?"
자신이 직접 농사지어 수확한 파프리카라며 친근하게 대답해준다.
농약을 치지 않는, 아니 정확히 말하자면 돈이 없어서 농약을 치지 못하는
이곳의 농작물들은 바지에 쓱쓱 문질러 그냥 베어 먹어도 좋을 만큼 그렇게 모두 탐스러웠다.
사진 한 장 찍고 싶다고 했더니 그가 양손에 자신이 키운 파프리카를 하나씩 들고
귀여운 포즈를 취했다.
자그마하고 찌그러진 그의 파프리카처럼 그의 미소도 순박하고 싱싱한 자연산이다.

쿠바 사람들은 어린 아이 때부터 그저 빈 공터가 아니라
잔디가 깔린 야구 구장에서 '제대로 된' 야구 연습을 한다.
쿠바는 야구의 나라다. 맨발에 반바지 차림이든, 유니폼을
제대로 차려 입었든 누구나 야구를 한다.

메리와 트로이

오전 8시 30분 렌터카 회사 앞에서 메리와 트로이를 만나 함께 도요타의 이름 모를 소형차를 타고 피나 델 리오 방향으로 출발했다. 초행길이라 메리가 조수석에 앉아 지도를 살펴보고 트로이가 운전을 맡았다.

메리는 말레이시아 아가씨이고 트로이는 호주 청년인데 둘은 7년 정도 사귄 연인이다. 좀처럼 경적을 울리는 일 없이 침착하게 운전을 하는 트로이는 무척이나 친절하다. 피나 델 리오까지 가는 세 시간 남짓, 메리가 서자는 곳에 서고 경치가 멋진 곳에서는 나에게 사진 찍지 않겠냐고 물어보면서 즐겁게 운전을 했다. 보는 이를 편안하게 만드는 재주를 가진 청년이었다. 메리는 170센티미터 정도의 신장을 가진 전형적인 말레이시아 미인으로, 시원시원한 성격과 남을 배려하는 모습이 인상적이기는 마찬가지였다. 아무래도 외지에서 만난 동양인이라 더욱더 친근함이 느껴졌던 모양이다. 두 사람은 여행에서 만나는 보물임이 분명했다.

피나 델 리오를 거쳐 국립공원에 도착했다. 알벤 소사 프리에토라는 가이드의 안내로 두 시간 삼십 분 동안 국립공원을 둘러보았다. 파크 투어를 마친 후에는 타워에 올라 시원하게 펼쳐진 고원과 바다를 바라보았다. 정말 단체 여행을 온 기분을 한껏 내었다.

파크에서 나와 고르다라고 불리는 쿠바 남쪽에 있는 바다에 갔다. 비날레스의 유명한 해수욕장 고르다는 눈부시게 하얗고 깨끗하였다. 소금기가 많은 바다는 하얗게 파도가 일고 있었다. 유난히 모래도 하얀 편이어서, 햇살 탓인지 모래 탓인지 모를 만큼 눈이 부셨다. 고르다는 내국 귀빈들과 외국인들이 즐기고 아끼는 해수욕장으로, 일반인의 출입이 제한되어 있어 고즈넉한 아름다움을 그대로 만날 수 있는 곳이다. 군인이 보초를 서고 있는 고급 리조트가 눈에 띄었는데, 아마도 국빈들이나 묶는 그런 곳으로 보였다. 해변을 거닐며 사진을 찍다가 일본인 남자 한 명을 만났다. 그는 비날레스에서부터 자전거로 3일에 거쳐 이곳에 왔다고 했다. 그와 즐거운 대화를 나누고 헤어져서 3시쯤 늦은 점심을 샌드위치로 때우고 바다에서 노닐었다. 비날레스로 다시 돌아오는 중에는 석양이 어찌나 좋던지 메리와 나는 셔터를 눌러대느라 정신이 없었다. 꿈 같은 하루 일정이었다.

비날레스에 도착해 라 까사 돈 토마스라는 레스토랑에서 그 집에서 가장 유명하다는 닭

메리와 트로이와 함께 비날레스 투어를 시작하던 순간.
주유소에 들러 기름을 가득 채우고 든든하게 출발!

요리와 생선 요리를 먹었다. 우리나라의 뚝배기 같은 용기에 음식을 담아주는데 그 뜨겁기가 말로 하기 어려울 정도다. 운전하느라 힘들었던 트로이와 길 찾고 지도 보느라 고생한 메리에게 저녁을 샀다. 보통 여행지에서는 더치페이가 원칙이지만 예외도 있어야겠지. 그들은 내가 있어 더 즐거운 여행이었다는 인사를 잊지 않았다. 친절한 사람들 같으니라고. 메리와 트로이는 현재 캐나다에 살고 있는데 다시 호주로 돌아가 여행사를 차릴 것이란다. 여행사를 오픈하면 가족과 함께 가겠다고 하니 잘 해주겠다며 꼭 오라고 한다. 미래의 고객에게 친절한 멘트를 열심히 하는 것을 보니 꼭 여행사를 차리리라 생각된다.

　　　　메리와 트로이와 아쉬운 작별을 하고 집으로 돌아가는 길, 어느 바에서 살사음악이 흘러 나온다. 그냥 지나칠 수가 없어 들어가보니 마침 멕시코 친구가 반갑게 인사하며 일어섰다. 그도 음악에 이끌려 들어온 것 같았다. 쿠바에서 크리스털에 버금가게 유명한 맥주가 부카네로인데, 오늘은 부카네로를 한 병 주문해보았다. 멕시코 친구는 트리니다드행을 포기하고 내일 아침 산티아고데쿠바로 떠날 거라고 한다. 나도 그곳을 둘러볼 참이라 서로 할 이야기가 많았다. 그런데 저쪽에서 들어서는 이들이 눈에 익은 사람들이 아닌가. 메리와 트로이가 잠이 오지 않아 다시 나왔다며 옆에 와 앉았다. 트로이가 어제 샀다는 시가를 주어 한 대 피워 물었는데 머리만 아프고 별 맛이 없다. 금연한 지가 오래되어서 담배 맛을 잊은 것인지, 트로이가 품질이 좋지 않은 시가를 잘못 산 것인지. 돌아갈 때 시가를 사가려 했는데 아무래도 마음을 바꿔야지 싶었다.

　　　　민박집으로 돌아와 테레사에게 절대 깨우지 말라고 신신당부하고 잠자리에 들었다. 새벽 1시. 늦긴 많이 늦었다. 그래도 오늘 하루는 너무나 뿌듯해 쉽사리 잠이 들지 않는다. 좋은 사람에, 좋은 풍경에, 좋은 음식에, 좋은 일만 가득한 하루였다.

비날레스에 있는 국립공원.
세월의 흐름과 함께 형성된 석회굴의 특색 있는 모양과 질감에서 원시의 시간이 느껴진다.

수염을 깎다

메리와 트로이와 함께 비날레스 투어를 한 다음날, 11시에야 겨우 눈을 떴다. 테레사가 내게 아침을 먹을 수 있는지 미리 물어보았는데, 계속 빵만 먹어서 좀 지루하다고 했더니 내 말을 기억하고는 준비한 식사를 미리 보여주었다. 마음에 들지 않아도 이런 정성을 보이는데 어떻게 거절할 수 있겠는가. 테레사가 준비한 아침에, 가져간 누룽지를 더해서 식사를 했다. 냄비에 누룽지를 넣고 물을 부어 끓이니 다들 옆에 둘러서서 신기해한다. 그리고 한 입씩 먹어보더니 아침으로는 참 좋은 식사 같다고 칭찬을 했다. 누룽지 한 그릇에 계란 부침, 과일, 커피를 먹고 흔들의자에 앉아 책을 펴드니 여기가 마치 내 집 같다. 여행을 하면서도 마치 원래 내가 살고 있는 듯한 집 같은 곳이 많다. 나는 체제순응형 인간인가보다.

오후 5시경에 다시 거리로 나왔다. 한가롭게 어슬렁거리는데 이발소 안에서 이발사가 들어오라며 손짓을 했다. 여행 동안 깎지 않아 덥수룩해진 내 수염을 정리하라는 것이다. 이발사의 손짓에 이끌리듯 일단 이발소 안으로 들어 서긴 했는데 영 어색하기만 하다. 그래도 한번 맡겨보리라 싶어 과감하게 의자에 앉았다. 내가 아닌 다른 사람에게 수염을 맡기는 것이 처음이라 그런 것일까. 이발사의 손에 잡힌 면도날이 몹시 날카로워 보였다. 가죽에 석석 날을 세워 칼을 가는 소리가 귓전에 쟁쟁했다. 거품을 묻히고 면도칼이 이리저리 왔다갔다 하기를 십여 분. 눈을 떠 거울을 보았다. 얼굴선을 따라 예쁘게도 면도를 해놓았다. 우리나라 70년대와 똑같은 분위기의 이발소 풍경을 카메라에 담는데, 보니까 이발사의 수염과 같은 스타일로 내 수염을 깎아놓았다. 거리로 나왔는데 모두들 나만 쳐다보는 듯 어색하고 쑥스럽다.

어제 갔던 레스토랑에서 저녁을 먹고 있는데 메리와 트로이가 나를 찾아다녔다며 들어온다. 오늘 있었던 일들을 이야기했더니 메리가 내 수염이 섹시하다며 놀려댔다. 결혼하게 되면 호주로 초청하겠다는 인사를 나누며 헤어지려는데 순간 코끝이 시큰하다. 정든 사람들과 헤어지는 건 언제 어디서나 참기 힘들다. 외국에 나와서 만난 사람들은 다시 만나기 힘들 것을 알기에 그런지 더 마음이 스산하다. 메리와 트로이는 어떤 인연으로 나와 만나고 또 헤어지는 걸까? 앞으로의 남은 생애에 또 만날 기회를 갖게 될까? 둘이 잘 살았으면 싶다.

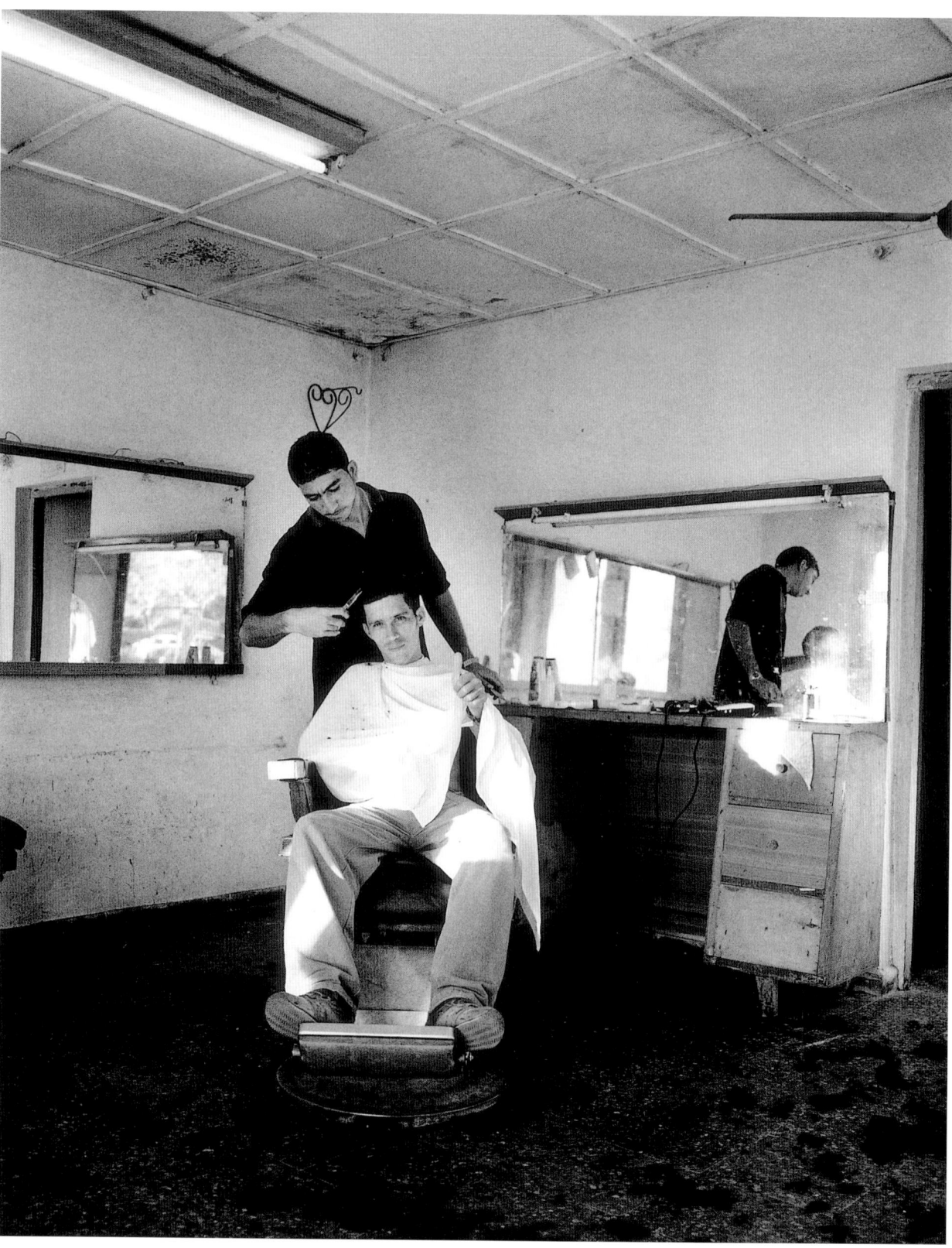

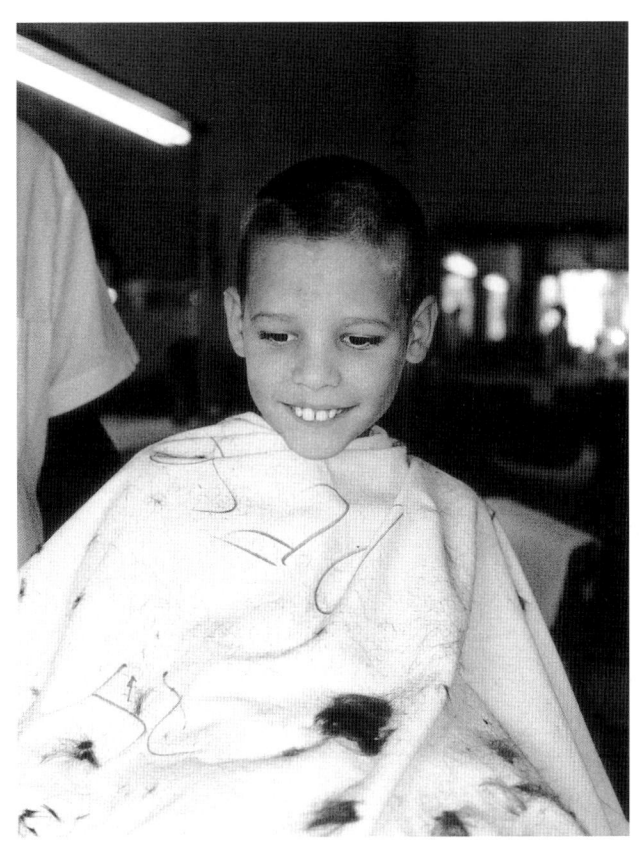

바라데로

아침 6시에 일어나 아바나를 경유해 바라데로 떠날 준비를 하고 있는데 테레사가 방문을 두드리더니 늦지 않게 준비해 나가라며 따뜻한 커피 한 잔을 건넸다. 그녀의 푸근함이 전해 왔다. 꼭 가족과 함께 다시 오겠다는 약속을 하고 쿠바식 인사인 바쵸로 테레사와 작별인사를 나누었다. 바쵸는 볼을 맞댄 채 입으로 소리를 내는 인사인데, 참 살갑게 느껴지는 인사법이다. 날이 밝아오는 길목을 돌아 터미널로 향했다. 버스 터미널에는 어제 저녁 살사 바에서 보았던 얼굴들이 많았다. 다들 비날레스에서의 마지막 밤이어서 과음들을 했는지 모두들 얼굴이 푸석푸석해 보였다.

버스는 정각 8시에 출발했다. 이곳 버스의 특징은 표를 끊은 고객이 있더라도 그를 전혀 찾지 않고 냉정히 떠나버린다는 것이다. 비날레스에서 아바나로 가는 버스는 오전 8시와 오후 4시 단 두 편이 있을 뿐이다. 그러니 한 번 버스를 놓치면 여덟 시간을 오롯이 기다려야 한다. 그나마 이곳은 터미널이라서 확실하게 알 수 있지만 다른 버스 정류장은 표시도 없다. 사람들이 버스를 기다리고 있으면 그곳이 암암리에 정해져 있는 정류장임을 알 뿐이다.

아바나행 버스는 골목길을 돌아 곧바로 고속도로로 접어들었다. 멀리 안개 낀 산이 눈에 들어오는데 말 그대로 절경이다. 파라다이스로 가는 길을 상상할 때 마치 이곳과 같지 않을까 싶다. 쭉 뻗은 나무들이 줄을 지어 서 있고, 촉촉하고 푸른 밭에는 노인이 고랑을 매고 있는데 힘겨워 보이지 않고 평화로워 보인다. 드문드문 나타나는 집들도 회벽을 칠해 놓아 아늑해 보였다. 시간을 낚을 수 있는 장소가 바로 여기이지 않을까. 버스 안은 계속 수다를 떠는 독일인 세 명을 빼고는 모두 잠이 들어 있었고, 나는 두 시간 반 동안 선계의 입구를 다녀온 것 같은 느낌이었다.

아바나에는 11시가 조금 넘어 도착했는데 바라데로행 버스는 8시, 8시 30분, 4시에 있다고 한다. 꼬박 네 시간을 기다려 바라데로행 버스에 올랐다. 바라데로는 진짜 휴양지이다. 휴양을 위해서만 찾는 곳인데 특히나 캐나다 관광객이 많다. 캐나다나 유럽이 추운 겨울을 보낼 때 바라데로는 일 년 중 가장 날씨가 좋다고 한다. 게다가 바라데로는 온갖 스포츠를 다양하게 즐길 수 있는 곳으로도 유명하다. 스킨스쿠버들에게는 워낙 유명한 곳이라 설명이 필요 없다고 한다. 바라데로는 아바나를 거치지 않는 직항노선이 있는 유일한 곳이다. 그래서 그런지 전체적인 분위기가 쿠바 같지 않고 유럽의 휴양지를 그대로 옮겨놓은 것 같다. 전혀 다른 쿠바다. 물가도 비싸고 민박집은 아예 찾아볼 수 없으며 고급 호텔만이 유일한 숙박시설이다. 그럼에도 나는 예전부터 바라데로에 꼭 와보고 싶었다. 이태리 유학시절 그곳 친구들의 이야기를 들으며 바라데로에 대한 환상을 가지고 있었기 때문이다.

바라데로에서 맞는 첫날 아침, 일찍 일어나 호텔 뷔페에서 아침을 먹었다. 화장실 변기가 고장 났기에 프론트에 연락하니 고치는 데에만 두 시간이나 걸렸다. 무엇을 고치는 것인지, 내가 보기에는 별 달리 손보는 것도 없어 보여 차라리 직접 고칠 것을 하고 후회를 했다.

11시쯤 해서 해변에 나가보았다. 해변에는 젊은 사람보다는 나이든 부류가 더 많이 눈에 띄었다. 아바나의 해변과는 느낌이 사뭇 다르다. 말레콘은 그들의 휴식처이자 놀이터였고 해변에는 늘 현지인들이 북적였다. 아바나의 해변은 그들 삶의 터전의 일부분이었다. 그러나 바라데로는 역시나 전문 휴양지다운 면모를 가지고 있었다. 말 그대로 수영하고 즐기기 위한 해변이었다.

사진도 찍으면서 해변을 거닐고 있는데, 어제 터미널에서 만난 일본인 아유미와 스즈키가 보인다. 이들은 캐나다에 살고 있다고 했다. 스즈키는 양복 차림을 주로 하는 회사원 특유의, 어딘지 모를 어색함이 묻어나는 캐주얼 복장이었다. 아유미는 유창하게 영어를 한다. 그래도 일본식 영어 발음은 오래 이야기를 나누면 머리가 아파온다.

어느 틈에 외국인 한 명이 우리 대화에 합석을 했다. 50대로 보이는 캐나다 사람 조지이다. 조지는 한국을 무척 가보고 싶은데 데모에 대한 걱정이 앞서 여행 결정이 쉽지 않다면 지금 우리나라의 치안 상태가 어떠한지를 내게 진지하게 물어왔다. 외국에서 보는 텔레비전, 특히 쿠바처럼 북한과 외교적으로 더 가까운 나라의 텔레비전에서는 북한에서 내보내는 뉴스가 방송된다. 그래서 우리나라의 시위 현장의 모습이 우리가 보는 것과는 판이하게 다르다. 경찰과 대치해 쇠파이프를 들고 저항하는 시위대의 모습과, 거칠게 진압하는 경찰의 모습이 대부분이다. 이 캐나다인도 그런 방송을 접한 것 같다. 나는 자세히 현 상황을 이야기해주었다. 예전에는 간혹 그런 일이 있었으나 요즈음은 전혀 없으며, 보통 이익단체의 시위가 주로 있기 때문에 대규모 시위는 찾을 수 없다고 말해주었다. 경찰도 쿠바의 경찰 못지않게 친절하다고 열을 내며 설명했는데, 그다지 믿는 얼굴은 아니다. 조지의 뇌리에는 과격한 시위 장면이 너무 강하게 깊이 박혀 있는 것 같았다. 미국에서는 경찰에 대항하려는 움직임만 보여도 총을 꺼내는데 왜 너희 나라 경찰은 시위대에게 맞고 있는지 의아하단다. 나 참, 인간적이어서 그래. 대항하는 것이지 그들처럼 죽음으로 위협하지는 않기에 서로 아등바등 싸울 수 있는 거라고. 예전처럼 화염병이나 쇠파이프를 휘두르는 시위대나 경찰은 없으니 한국에 꼭 들르라고 다시 한번 말해주었다. 내 전화번호까지 적어주니 그제야 꼭 한번 방문하겠단다. 조지는 캐나다 몬트리올에서 살고 있는데 옛날부터 한국인을 좋아했다며 꼭 전화하겠다고 내가 건넨 전화번호를 정성스레 챙겨넣고는 작별을 했다. 한국에 오면 밥이나 한 끼 대접해야겠다.

혼자 해변을 따라 두어 시간을 더 걸었다. 날씨는 다시 더워져 있었다. 호텔로 돌아가 샤

위하고 잠이 들었다. 역시 나는 더위에는 약한 편이다. 4시쯤 나와서 바라데로 해변을 순회하는 이층 관광버스를 타고 또 한 바퀴 해변을 돌아보았다. 공사중인 곳이 있는데 호텔을 만들고 있었다. 쿠바에서 무언가 큰 공사를 하는 곳을 보면 십중팔구 호텔을 짓고 있다. 공장은 전혀 찾아볼 수가 없다. 당장은 수입이 늘어날지 모르지만 장기적으로 보면 부가가치가 떨어지는 투자인데도 이들의 생각은 우리와는 전혀 다른 모양이다. 일할 곳이 없어 다들 쩔쩔매고 있는데, 공장이라도 지어 고용도 늘리고 공산품도 자급하는 체제를 만들어야 하지 않을까? 이런 나의 생각도 새마을 운동을 보면서 자란 내 유년기에서 온 고정관념일 수도 있다. 하지만 이곳은 공산품이 없어도 너무 없다. 가게도 별로 없고 가게에서 팔고 있는 물건을 보고 있자면 한숨이 난다. 그러니 쿠바에서는 손님이 왕이라는 말은 어불성설이다. 물건을 가지고 있는 가게 주인이 왕이다. 원하는 물건은 웃돈을 주어도 일반 서민은 구하기 힘들다. 관광 관련 일을 하는 사람들 집에나 가야 텔레비전이나 비디오 등을 볼 수 있다. 생활의 질을 높이기 위해서는 내 생각대로 공장을 지어야 한다. 남의 나라 일이지만 너무 걱정이 되었다.

말레콘 제방에 그려진 쿠바의 국기는
파도와 바람과 햇빛에 낡고 빛이 바래 있었다.
왠지 이 나라의 고달픈 현실을 보여주는 것 같아 마음 한구석이 짠해졌다.

비날레스의 고르다와 달리 바라데로의 해변은 일반인들에게도 열려 있다.
특히 북미 외국인들에게 인기가 좋아서 바라데로 직항편이 있을 정도이다.
쿠바의 다른 지역과 달리 바라데로의 해변은 너무나 평화롭고 여유로워 바로 이런 곳이
낙원이 아닐까 하는 생각이 들 정도이다. 구름 한 점 없는 코발트 색 하늘에서 쏟아져 내리는
햇살 아래 에메랄드 빛으로 반짝이는 바다. 그 안에서 모든 이들은 그저 행복하고 편안하였다.
쿠바의 현실과는 무관하게도.

6 항구도시 산티아고데쿠바

산티아고데쿠바에 도착하다

아바나에서 밤새 버스로 열여섯 시간을 달려 오후 1시 30분경에 산티아고데쿠바에 도착했다. 자기 집으로 민박 손님을 데려가는 사람들이 버스로 확 모여든다. 그들의 기세에 질려 모두 뿌리친 채 택시를 타고 그랑 호텔로 향했다. 그러나 호텔은 이름과는 달리 26불짜리 싱글룸은 코너에 위치한 데다 방음도 되지 않고 다소 지저분해 보이기까지 했다. 마리엘라가 알려준 민박집을 찾아야겠다 싶어 그곳에 전화를 걸어두고 호텔을 나오는데 길을 가고 있던 아주머니가 내게 오더니 자기 집에서 묵으라고 한다. 먼저 예약한 곳이 있다며 거절하려고 하자, 아주머니는 내가 찾는 그 집은 지금 방이 없을 거라며 그곳에 다시 전화를 걸어주었다.

전화를 받고 사람이 왔다. 그런데 지금은 방이 없으니 자기 방을 치워주겠단다. 미안한 마음에 따라나서 방을 보았는데 너무나 지저분하다. 그런 내 마음이 얼굴에 나타났는지 그는 길에서 만났던 그 아주머니 집으로 나를 다시 데려다주었다. 이 집은 방이며 욕실이 참 깨끗하다. 거기다 욕실과 방이 붙어 있어 마음에 들었다. 25불에 아침, 저녁식사를 포함해 계약을 했다. 쿠바에서는 언제나 방을 잡는 데 시간을 들이는 편이다. 가지고 다니는 장비도 고가인 데다 편히 쉬지 못할 경우 일정에 영향을 주기 때문에 더더욱 신경을 써서 숙소를 잡고 있다.

이곳 산티아고데쿠바는 아바나에서 860킬로미터나 떨어진 항구도시로, 우리나라로 치면 부산 정도의 큰 도시이다. 그래서 그런지 역동적이고 강한 스페니쉬 억양이 정말 우리나라 부산에 온 것 같다. 일하는 사람도 많아 보인다. 사진을 찍겠다고 하면 아바나에서는 1불을 요구하는데 이곳 사람들은 오히려 즐거워한다. 대신 사진을 보내줄 수 있느냐고 물어본다. 그런 순수한 모습들이 사람의 기분을 좋게 만들어주었다. 오랜만에 집으로 전화를 하고 돌아와 누우니 10시다. 쿠바 최대의 휴양지이자 항구도시인 산티아고데쿠바의 첫 밤이 조용히 저문다.

길에서 만난 사람들

8시 30분쯤 아침을 먹고 오토바이를 렌탈하고 싶어 여기저기 찾아다녔다. 사람들이 서로 다른 곳을 가르쳐주는데 도저히 안 되겠다. 오늘은 그냥 걸어 다녀야 되겠다 싶어 오토바이에 대한 마음을 접고 길을 걸었다.

일단 남쪽을 향해 방향을 잡고 걷는데 도중에 미용실에 눈에 띄었다. 미용실 안에는 머리에 구루퍼를 말고 앉아 파마가 나오기를 기다리는 아주머니들로 가득 차 있었다. 그들은 내게 반가이 말을 걸면서 들어왔다 가라고 한다. 나는 한국에서 왔다고 하면서 아주머니들 틈에 비집고 앉아 한참을 즐겁게 이야기를 나누었다. 세계 어디나 아주머니들은 푸근하고 재미있다. 아이들을 키우고 나면 부처가 된다고 하는데, 이곳도 역시 아주머니들에게서 친근함과 동시에 즐겁게 인생을 살아가는 연륜이 느껴진다. 포즈도 흔쾌히 취해준다. 사진을 찍어 한국에 있는 내 학생들에게도 보여줄 거라고 했더니, 다들 이쁘게 나와야 한다며 다양한 포즈를 취한다. 내게도 아주머니스러운 구석이 있는 걸까? 나는 세계 어디를 가도 아주머니들과 참 잘 친해진다. 특히 어머니 연배일 경우는 나도 모르게 홍에 겨워 나에 대한 이야기를 늘어놓게 된다.

미용실에서 나와 쿠바 현지 종합병원에 가보았다. 쿠바는 남미에서 최고의 의술을 자랑하는 나라이다. 남미인들뿐 아니라 유럽에서도 성형을 하기 위해 많은 젊은 여성들이 이곳 쿠바를 찾는다고 한다. 그 정도 명성이면 병원 내부는 어떨까. 궁금한 마음에 안을 들여다보니 우리나라 동네 의원만큼도 시설이 없다. 잠시 들여다본 병원 내부는 우리나라 70년대 시골 보건소 풍경이다. 이렇게 시설이 열악한데도 이곳 쿠바 의사들의 실력은 정평이 나 있는 것이 놀랍다. 때마침 병원 창틀에 기대 앉은 의사와 마주쳤다. 잠깐의 휴식을 취하는 듯 그는 눈부신 순백색의 병원 건물 창을 통해 밖을 내다보고 있었다. 격자 창문과 사각 틀의 벽이 액자 속 액자 같은 느낌을 주었다.

병원에서 나와 민박집에 돌아가 잠시 쉬었다. 이곳의 날씨는 꽤 덥다. 북회귀선의 나라답게 겨울 날씨라지만 햇살이 강해 오래 돌아다니니 머리가 아프다. 햇볕이 약해질 즈음해서 서쪽에 있는 항구에 가보았다. 어디나 바다의 장대함이 그대로 펼쳐져 있었다. 한쪽에서는 젊은 친구들이 삼삼오오 모여 축구를 하며 놀고 있었다. 그 모습이 참 정감 있어 보여 다가가서 사진을 찍고 있는데 한 녀석이 가까이 오더니 말을 건다. 어디서 왔으며, 사진을 찍어서 무엇에 쓸 것인지 등 여러 가지 질문을 하더니 내가 신고 있는 샌들이 마음에 든다며 달란다. 신고 있는 것이 이것밖에 없다고 대답하니까 그러면 나중에 산티아고데쿠바를 떠날 때 달란다. 그래, 그럼. 떠나는 날짜를 알려주며 그날 버스 터미널에 나오면 샌들을 주겠다고 하니 녀석이 좋아한다.

저녁을 먹고 살사 카페로 나왔다. 저녁은 훌륭한 생선 요리였다. 도미류의 생선이었는데 맛은 삼치 같았다. 이곳 특유의 이름으로 부르는데 알아듣기는 어렵고 아마도 크기가 큰 놈일 거란 것만 알겠다. 어쨌건 맛있다. 많은 양의 샐러드도 나를 행복하게 했다. 이곳의 채소는 모두 유기농이다. 나무에서 과일을 따서 그냥 먹어도 되고 땅에서 뽑은 채소는 흙을 탈탈 털고 바로 먹어도 된다. 미국이 경제 봉쇄를 하면서 비료도 들어오지 않아 어쩔 수 없이 완전 유기농으로 재배하기 때문이다.

카페에서 나와 부카네로 맥주를 한 잔하며 앉아 있는데, 사람들이 살사 음악에 맞추어 춤을 추기 시작했다. 쿠바 사람들은 우리나라 말로 하자면 신이 많은 사람들이다. 음악이 나오면 걸음마하는 아기에서 지팡이 짚은 노인까지, 우두커니 있는 사람이 없다. 사회 보는 사람이 춤추는 사람들에게 어느 나라에서 왔는지 물었다. 영국, 프랑스, 이태리, 미국, 멕시코, 칠레 등등 많은 나라 이름이 나왔다. 내 차례가 돌아와 나에게도 국적을 묻기에 한국이라고 대답하니, 자기는 한국 사람은 처음 본다는 것이다. 일본인과 중국인들은 몇 번 본 적이 있는데 한국 특히 남한 사람은 처음 본다면 혼자 왔느냐고 물었다. 그렇다고 하니 즉석에서 카페에서 일하는 아가씨와 짝을 지어주면서 함께 살사를 추자고 청한다. 아바나에서 조지 선생에게 배운 춤 솜씨를 이곳에서 보여주게 되다니…… 내심 걱정되는 마음으로 나가서 살사 한 곡을 췄다. 아가씨 말이 처음 추는 살사치고는 스텝이 좋단다. 사실은 아바나에서 3일이나 배운 솜씨라 말하니 매우 훌륭하단다. 칭찬을 들으니 마음이 들뜬다. 기분 좋게 맥주 한 잔 하고 민박집으로 돌아왔다. 바람에 날리는 음악에 취하는 저녁이었다.

산티아고데쿠바의 해안가에서 소년들이 여유로운 한때를
보내고 있었다. 정겨운 분위기가 마음에 들어 사진을 찍고
있는데, 계단 난간을 잡고 서 있던 소년이 나에게 다가와서
이것저것 묻더니 내 샌들을 탐냈다. 내 샌들이 마음에 드니
그걸 달라고 한다. 나는 떠나는 날 버스 터미널로 나오면
샌들을 주겠다고 약속하고 소년의 독사진도 몇 장 찍었다.
녀석은 맨발이었다. 산티아고데쿠바를 떠나는 날,
저녁 7시 30분에 출발하는 트리니다드행 버스를 타기 위해
터미널로 향했다. 시간은 벌써 6시가 넘어 있었다.
터미널을 무심코 둘러보고 있는데, 입구 쪽에 앉아 있는
소년이 눈에 익었다. 항구에서 만났던 바로 그 녀석이었다.
녀석은 내가 말해주었던 날짜를 기억하고 점심 때부터 나와서
기다리고 있었다고 했다. 나는 배낭에서 샌들을 꺼내 녀석에게
건넸다. 아끼던 샌들이었지만, 그처럼 마음에 들어하는
사람에게 선물로 줘도 괜찮겠다 싶은 마음이 들었다.

동네를 돌아다니다 철물점을 발견했다. 옛날 우리나라에서 보았던 바로 그 철물점이었다.

친근한 마음에 주인아저씨에게 말을 걸었다.

사진 한 장 찍겠다고 하자, 아저씨는 갑자기 포즈를 취했다.

예술가적인 분위기와 카리스마가 느껴지는 눈빛이 무척 인상적이었다.

하지만 누가 요구한 것도 아닌데 잔뜩 분위기를 잡고 폼을 부린 아저씨 이야기를 들려주면

사진을 보는 사람들은 피식 웃음을 웃는다.

사진에 사연이 녹아들면, 고뇌하는 아저씨도 우리를 웃음 짓게 만들 수 있다.

아저씨는 나무로 뱀을 조각한다.
산티아고데쿠바의 시장市長도 이곳을 방문했다는 사실이 아저씨의 큰 자랑이다.
나 역시 이곳을 방문한 기념으로 사진을 남기고 싶었다.
"아저씨, 사진 한 장 찍을게요."
"내가 한쪽 눈이 이래서…… 사진 찍어도 되겠어?"
"에이, 아저씨 괜찮아요. 전혀 이상하지 않으세요."
"그래도 눈이 이러니까 보기가 그러잖아. 그냥 뱀 조각만 찍어."
말은 그렇게 하시면서도 아저씨는 뱀 조각을 들고 포즈를 취해주셨다.
그 정감 있는 모습이 뷰파인더 안으로 가득 들어왔다.

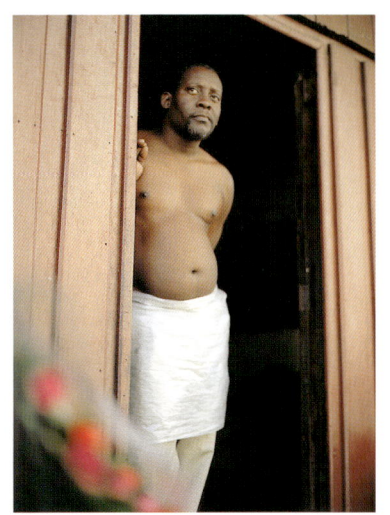

웃통을 벗은 채 집 앞에 나와 있는 배불뚝이 아저씨.

쿠바의 관공서에서 일하는 공무원 아저씨.

길가에 자리를 잡고 앉아 네일 케어를 해주는 아가씨.

낡은 재봉틀로 능숙하게 수를 놓는 아주머니.

공원에서 트럼펫을 부는 아저씨.

길가에 앉아 부서진 의자를 수리하다가 내가 의자에 관심을 보이자
그중 상태가 제일 좋은 의자를 고르더니 나에게 사라고 권하던 아저씨.

길에서 만난 사람들에게서 진짜 숨쉬는 생생한 쿠바를 만난다.

체 게바라가 처음 상륙한 그곳

　　　　　　　　　　　　　　　　　　　　　　　내가 묵고 있는 민박집 앞에는 자그마한 빵집이 있다. 오가며 볼 때마다 빵집 청년들은 이제껏 만났던 쿠바의 청년들과는 달리 아주 열심히 일을 하고 있었다. 아침마다 비슷한 시간에 골목을 지나가는 이방인에게 그들은 넉넉한 호의로 갓 나온 따뜻한 빵을 건네곤 했다. 그것이 나에겐 하루의 든든한 간식거리가 되었다.

　　　　하루는 날을 잡고 아침 일찍 일어나 빵집 청년들의 모습을 찍었다. 그들은 사진 찍는 나를 아랑곳하지 않고 열심히 일만 하더니 문득 나에게 벤티세이 줄리오 26 Julio라는 박물관 하나를 소개했다. 이곳 산티아고데쿠바는 피델 카스트로와 체 게바라 혁명군이 처음 상륙한 곳인데, 벤티세이 줄리오 박물관은 혁명군이 타고 왔던 그란마 호의 모형과 혁명군이 입었던 군복 및 총을 비롯한 무기류, 그 당시의 사진들이 전시되어 있는 곳이라고 한다.

　　　　사실 쿠바 하면 다들 체 게바라를 떠올리곤 한다. 하지만 나는 이번 여행에서 그의 흔적은 찾지 않기로 했었다. 이미 쿠바는 혁명군이 다시 혁명되어야 하는 상태가 되어 있다고 생각했기 때문이다. 그래도 청년들의 조언을 들어 그곳을 찾아가보기로 했다.

파블로와 레르망 형제

박물관을 둘러보고 운동장 쪽으로 가다보니 60년대식 차가 택시로 개조되어 서 있었다. 오래된 차를 정성스레 개조한 것이 마음에 들어 셔터를 누르고 있자니, 차 주인이 나타나 자신의 클래식 오토바이가 있는 차고도 구경시켜 주었다. 이들 파블로와 레르망은 형제라고 했다. 자신들은 지금 자기네 택시를 타고 오토바이 머플러를 고치러 갈 거라면서 혹시 같이 가겠느냐고 물었다. 현지인 택시도 타볼 겸 인상 좋은 이들과 이야기도 나누어볼 겸해서 동승을 했다.

그런데 이놈의 차가 자꾸만 시외로, 시외로 나간다. 겁이 덜컥 났다. 내가 쿠바에서는 여행 수칙을 너무 지키지 않고 있는 것이 아닌가 싶고, 오늘따라 너무 비싼 장비를 들고 나온 것이 아닌가도 싶고…… 자꾸 얼굴에서 웃음이 사라졌다. 그들 형제는 한참 운전을 하고 가다가 갑자기 차를 세웠다. 아이고…… 파블로가 귤처럼 생긴 과일을 한 바구니 들고 돌아와 같이 먹자고 권한다. 이제까지의 내 마음이 혼자 쑥스러워 한숨이 나왔다. 사람은 역시 사람을 믿어야 한다.

머플러를 수리하고 원래 만났던 자리로 다시 돌아왔다. 파블로와 레르망은 자기네 집에서 커피나 한 잔 하자고 권하기까지 했다. 신나서 집 안으로 들어가니 아버지, 어머니, 할머니 등 가족이 많다. 그들은 내가 누구인지도 모를 텐데도 반기기부터 한다. 어디에서 왔느냐, 여기까지 뭐 하러 왔느냐 질문이 쏟아진다. 커피 한 잔과 함께 내 히스토리를 한참 풀고 일어섰다. 레르망이 자신의 택시에서 수줍게 포즈를 취해주었다. 사진 찍다 만나 마음을 열고 인연을 맺는 것. 이것이 바로 사진여행의 묘미가 아닐까. 이들이 가슴을 어찌나 따뜻하게 데워주었는지 이들을 생각하면 지금도 씩 웃음이 난다.

민박집으로 돌아오는 길에는 럼주 공장과 시가 공장을 둘러보았다. 단체 여행객이 아니라 혼자 와서 그런지 가이드 없이 둘러보는 공장은 뭐가 뭔지 알 수가 없었다. 시가를 입에 문 채 시가를 말고 있는 사람들의 모습이 참 인상적이었다. 사진을 찍지 못하게 되어 있는 것이 아쉽기 그지없었다. 쿠바의 시가는 다른 나라의 시가와는 비교가 안 된다고 한다. 자연에서 우러나오는 맛을 즐기는 것이 바로 시가인데, 쿠바는 시가를 재배하는 천혜의 조건을 갖추고 있어서 이곳의 담뱃잎으로 만든 시가는 단연 세계 최고라고 공장 곳곳에 써 붙어 있었다. 처칠이 피워서 더 유명해진 시가에는 '처칠'이라는 이름을 상표로 붙였는데 가격이 만만치 않은 고급 제품이라고 한다. 자신들만의 고유의 방법으로 전적으로 수작업에만 의존해서 만든다고 하니 비쌀 수밖에 없다.

집 근처로 거의 다 왔는데 오토바이 렌탈하는 곳이 있다. 내일을 위해 예약을 했다.

오토바이 타고 동네 한 바퀴

아침에 제일 먼저 간 곳은 어제 예약을 했던 오토바이 렌탈하는 곳이었다. 주인이 오길 한참이나 기다렸는데, 막상 나에게 빌려줄 오토바이가 없다고 한다. 쿠바는 대부분의 공산품을 수입해서 충당하고 있기 때문에 오토바이처럼 고가의 장비는 아무 곳에서나 빌려주지 않으며 많은 돈을 지불한다고 해서 쉽게 빌릴 수도 없는 상황이다. 내일은 틀림없이 구해주겠다면서 사람 좋은 미소를 짓는데 내일이면 나는 트리니다드로 떠나야 하는 것을…….

사정 이야기를 찬찬히 했다. 사람 좋게 생긴 주인은 심각한 얼굴이 되어 여기저기 전화를 하더니 산티아고데쿠바 호텔 앞에 있는 렌탈처에서 구할 수 있다고 알려주었다. 그런데 나는 가는 길을 모른다. 주인이 또 다시 전화를 걸었다. 잠시 후 웬 몸집 좋은 아주머니가 오토바이를 타고 왔다. 저걸 빌려주려나 보다 싶었는데 나에게 빌려줄 오토바이는 현재 수리중이라고 한다. 함께 오토바이를 타고 산티아고데쿠바 호텔 앞으로 가니 연로한 오토바이가 나를 기다리고 있었다. 22불에 기름값 3불을 치르고 아쉽지만 할 수 없이 그 오토바이를 빌려 털털거리면서 코브레 쪽으로 향했다.

한참을 가는데 웬 차가 경적을 울린다. 뒤를 돌아보니 어제 커피를 얻어 마셨던 레르망의 아버지다. 그는 반갑게 인사를 하면서 점심을 먹으러 오라고 한다. 이곳에서 이분을 만날 줄이야. 그처럼 즐거운 사람들을 만나러 가는 것을 왜 마다 하겠는가.

코브레 성당과 주변을 돌아본 뒤에 레르망의 집으로 갔다. 간단한 초대인 줄 알았는데 가족들이 모두 모여 나를 맞아주었다. 쌀로 만든 요리와 토마토 요리를 맛있게 먹고 이야기를 나누다 이들의 택시 이야기가 나왔다. 엔진을 일본산 에이노라는 차의 것으로 교체했는데 피스톤을 쿠바에서 구할 수가 없다는 것이다. 그래서 내가 한국에 가서 알아봐주기로 약속하고 메일 주소를 교환했다. 이런 부탁이야 흔쾌히 받아들일 수 있다. 다만 나를 믿고 있는 그들의 기대에 부응하도록 꼭 구할 수 있어야 할 텐데…….

레르망의 집을 나와 엘모로라는 성벽으로 갔다. 엘모로 성벽은 중세의 성과 유사한 모양을 하고 있는데 좀더 거칠다고 해야 할까. 성은 크지 않았지만 방어용 요새였던 만큼 튼튼해 보였다. 성 내부는 박물관으로 사용되고 있는데 예전 것이 잘 보존되어 있었다. 특히나 이곳은 사람들이 프라이라고 부르는 전망이 좋은 곳이다. 4불을 내고 성벽으로 들어가 주변을 돌아보고 7시에 있는 폭격식을 구경했다. 폭격식은 옛날식으로 진행이 되었다. 10여 명의 군인이 도열하고 인수인계하는 모습은 버킹엄궁의 그것과 규모만 달랐지 격식 있는 모습이 인상적이었다. 대포에 화약을 넣고 펌프질을 하는 데만 의식을 차린 것을 감안해도 한 시간이 걸릴 정도니, 예사로 정성을 들이는 것이 아니었다. 소리 지르면서 교대를 위해 걸어오는 데만 십여 분이니 지루할 수도 있기는 하겠다. 하지만 옛날의 스페인풍 군복을 입고 사열을 하는 모습은 의외로 꽤 볼 만했다.

엘모로 성벽 폭격식의 격식 있는
절차를 보기 위해서는
느긋하게 기다릴 줄 알아야 한다.
군인들이 교대하기 위해 걸어오는 데
십 분, 대포에 화약을 넣고
펌프질하는 데 한 시간……
군인들이 옛날 복장을 차려입고
많은 절차를 거치는데,
오랜 기다림 끝에 보게 된 폭격 장면보다는
오히려 그 절차가 더 볼 만했다.
그 옛날 외침外侵을 알리기 위해 울렸던 종은
지금은 그저 바람에 흔들리고 있고,
겹겹이 쌓은 성벽은 이제 오래된 시간의
흔적만 남아 쓸쓸하게 보였다.

오토바이를 타고 산티아고데쿠바를 돌면서 쿠바의 일상적인 모습들을 카메라에 담았다.
초등학교 운동장에는 아이들이 모여서 농구를 하고 있었고, 길거리에는 이 동네의
또 다른 교통수단인 마차가 지나가고 있었다. 나무 그늘 아래에서는 쿠바 사람이라면
누구나 즐기는 주사위 게임이 한창이었다. 시간이 흘러 태양의 위치가 이동하면
사람들은 햇빛을 피해 테이블째 들어서 그늘로 자리를 옮기며 게임을 계속 했다.
농약을 주지 않은 유기농 채소를 팔고 있는 재래시장의 풍경은 어쩐지 한산하였다.

굿바이 마미

오토바이로 동네를 한 바퀴 둘러보고 민박집으로 돌아가는 길, 혹시나 하고 염려했던 오토바이가 역시 말썽을 부리고 말았다. 아무리 해도 시동이 걸리지 않는다. 겉보기에도 고물이 여실해 영 불안했었는데…… 한 시간가량을 오토바이와 씨름했다. 만약 지나가는 오토바이가 없었다면 큰 낭패를 볼 뻔했다.

간신히 오토바이를 반납하고 집으로 돌아오니 8시가 훌쩍 넘어 있다. 새우 요리가 근사하게 차려져 있는데 오토바이를 타고 바람을 많이 맞아 그런지 영 식욕이 닿지 않는다. 게다가 으실으실 춥기까지 하다. 미안한 마음에 열심히 먹었지만 반도 먹지 못하고 방으로 올라왔다. 한국에서 준비해간 몸살약을 먹었는데도 천장이 빙빙 도는 것이, 내일 트리니다드로 출발하는 것은 무리인 것 같다. 일정이 자꾸 늘어져 걱정이다.

밤새 한숨도 못 잤다. 여전히 어지럽고 몸이 천근만근이다. 집 떠나서 제일 서러울 때가 몸이 아플 때이다. 나는 여행 체질이라 여행하면서 아픈 일은 흔치 않는데 이렇게 아프기는 정말 처음인 것 같다. 죽으면 어쩌나 하는 걱정이 될 만큼 아팠다. 가족 걱정이 앞선다.

9시에 레르망과 아침을 먹기로 약속했는데 도저히 지킬 수가 없어 전화를 했더니 레르망이 걱정스런 얼굴로 병문안을 와주었다. 오렌지를 한 바구니 사들고 온 레르망은 영 좋지 않으면 병원에 같이 가자고 한다. 친절이 너무나 고맙다. 이 친구는 이태리 식당에서 웨이터를 한 적이 있어서 이태리어가 나와 소통에 불편함이 없을 정도다. 말이 잘 통하니 더욱 친해질 수 있었던가보다. 한국에서 가져간 기념품과 입지 않은 셔츠가 있어 챙겨주려고 하니 극구 사양한다. 그렇지 않아도 아침식사 하러 갈 때 선물로 가져가려 했었던 것이라고 내미니 미안해하면서 받는다. 비싼 것도 아닌데…….

레르망이 돌아간 후에 누룽지를 부탁해 데워먹고 약을 먹으니 속이 좀 풀린다. 설핏 잠이 들었는데 깨어보니 3시다. 마미는 하루 더 묵어가면 어떻겠냐고 물었다. 나도 솔직한 심정은 하루 푹 쉬면서 몸을 추스르고 싶지만 나머지 일정이 빠듯하다. 움직이기 힘든 몸을 추스려 주섬주섬 짐을 챙겨 6시쯤 비아술 터미널로 향했다. 트리니다드행은 7시 30분에 있었다.

터미널에 도착하니 어디서 많이 본 친구가 터미널 입구에 앉아 있다. 전에 샌들을 주겠다고 약속한 친구다. 점심 때부터 이곳에 나와 앉아 있었다고 한다. 짐을 풀어 약속한 샌들을 주니 아주 고맙게 인사를 했다. 이 녀석은 처음 볼 때부터 끈질기게 샌들에 욕심을 부리더니 끝내는 나에게 샌들을 얻고 말았다.

녀석이 돌아간 후 레르망에게 전화를 걸어 작별인사를 하고 터미널에 앉아 있는데 저쪽에서 민박집 마미가 걸어온다. 마미는 내가 아픈 몸을 억지로 일으켜 간 것이 마음에 걸려 나왔다며, 아침마다 내가 잘 먹던 빵이라면서 치즈가 들어간 샌드위치 도시락을 내밀었다. 그러곤 작별의 포옹을 하며 나머지 여행 잘 마무리하고 다음에 이곳에 오게 되면 자기 집에 꼭 들르라며 내 손을 잡아주었다. 이곳에서 헤어지면 다시는 볼 수 없다는 생각과 자기를 마미라고 부르라고 하던 그녀의 푸근한 마음이 전해져 하마터면 눈물을 보일 뻔했다. 내가 해줄 수 있는 것이라곤 그것밖에 없어 택시 타고 가라고 5불을 건네니 마미는 한사코 사양했다. 걸어가면 된다고 하는 마미에게 억지로 5불을 챙겨주었다. 이래야 내 마음이 편하다는 말에 마미는 겨우 받아 넣었다. 마미는 정말 엄마 같은 분이다.

한국에서나 외국에서나 아줌마들은 다 아줌마인가보다.

스스럼없이 마음을 나눠주고 정을 나눠준다.

비날레스의 막다른 골목길에서 한 아주머니를 만났다.

차 한 잔 하고 가라며 테라스로 나를 부른다.

그녀의 손짓에 끌려 함께 앉아 한참을 두런두런 이야기를 나누었다.

자기 아들과 내 나이가 같다면서 손수 농사지어 만든 차를 권하는

그녀의 자상함과 포근함은 멀리 고국에 두고 온 어머니를 떠오르게 만들었다.

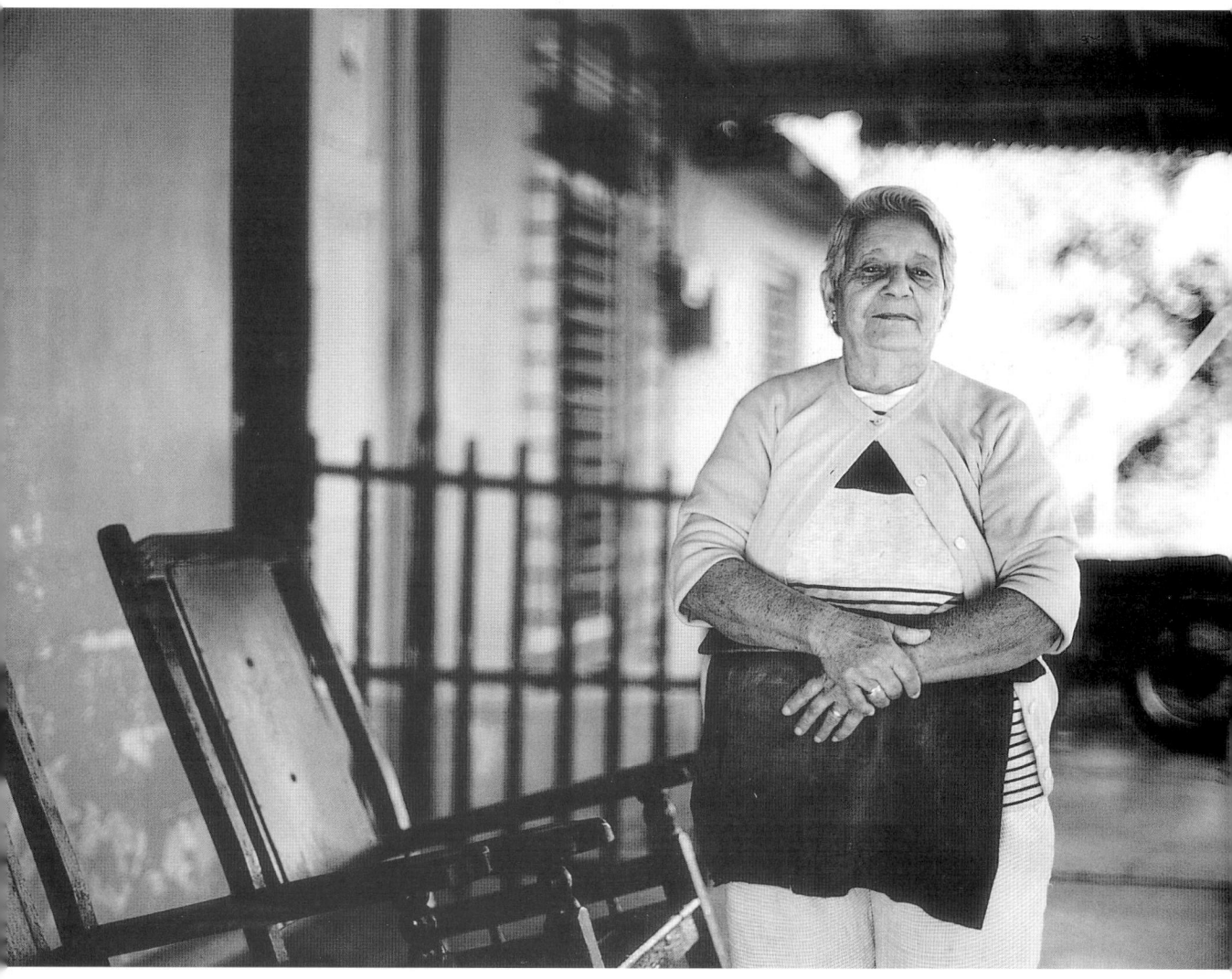

7 동화 같은 도시 트리니다드

동화 같은 도시

버스는 산티아고데쿠바에서 밤새 달려 오전 6시 30분에 트리니다드에 도착했다. 터미널에는 마미가 연락해놓은 사람이 내 이름을 들고 서 있었다. 낯선 곳에 도착했을 때 나를 찾을 이가 있다는 것은 언제나 즐거운 일이다. 민박집 호객꾼들에게 이리저리 밀리는 여행자들을 뒤로 하고 나는 선택받은 사람인 듯 기분 좋게 터미널을 빠져 나왔다.

그러나 자전거 택시를 타고 도착한 민박집은 마미의 말과는 전혀 달랐다. 도시 중심이 아닌 외곽에 위치해 있고 안내된 이층 방은 소음이 심했다. 샤워를 한 후 민박집 주인의 식사 권유를 뒤로 하고 도심으로 향했다. 몸도 힘들어 후들거리는데 민박집이 마음에 들지 않는다. 오늘밤 잠자리는 편치 않을 것 같아 더욱 발걸음이 무겁다. 마미가 나에게 거짓말을 할 것으로는 보이지 않는데 어찌 된 일일까. 분명 깨끗하고 조용한 집을 소개하겠다고 했었다. 집보다는 마미 생각에 마음이 더 무거워졌다. 도시락까지 싸들고 배웅 나와주었던 마미의 말을 내가 너무 믿었던 것일까.

도시 중심까지 한참을 걸어 다녀보니 이곳 트리니다드는 참 예쁘다. 집들의 색깔도 오색찬란하니 신경을 쓴 모양으로 보였고 도시 전체가 깨끗하다. 사람들도 여느 도시 사람들보다 친절해 보인다. 걸어 다니니 마음이 조금 편안해진다. 걷는 일은 마음을 안정시켜줄 때가 많다. 속상하거나 참기 힘들 때 천천히 거리를 둘러보며 걸어 다니면 심각했던 일상이 차분히 정리가 되곤 한다.

중심가로 와서 한 교회 모퉁이를 도는데 젊지도 늙지도 않은 남자가 자기 집을 렌트하고 있다면서 나에게 구경하고 가라고 자꾸 부른다. 이미 민박집을 잡았는데 어떻게 할까 하다가 한번 따라가보기로 했다. 멀지 않은 곳에 그의 집이 있었는데, 생각보다 훌륭하기 그지없다. 호텔급 수준의 인테리어와 시설이 구비되어 있었다. 내일 아침 짐을 가지고 오겠다고 약속을 하고 다시 길을 걸었다. 걸음에 흥이 나는 것은 물론이다.

뷔페 레스토랑이 있어 8불을 주고 들어가보았다. 야채며 과일 그리고 여타 음식들이 내 입맛에 잘 맞았다. 외국인을 고려한 식당이어서 이곳 특유의 강한 향신료가 없는 점이 식욕을 더욱 돋우었다. 어디에서든 음식에 불만을 가지지 않는 편이고 여행지에서 먹는 특이한 음식을 유난히 즐기는 편이지만, 그래도 호기심이나 배를 채우는 것이 아닌 식사다운 식사는 오랜만이었다. 여행을 하는 즐거움 중에서 사진 찍고 사람 만나는 다음으로 즐거운 것이 현지 특유의 음식이다. 다들 음식으로 고생한다고 하지만 나는 대부분 잘 맞았고, 음식의 외향만으로도 나에게 맞을지, 내가 맛있어 할 음식일지 알아볼 수 있다. 한마디로 딱 보면 안다. 그러니 음식으로 인한 고생은커녕 없어서 못 먹는다. 오늘은 맛있는 것만 골라 먹을 수 있는 곳이니 무리가 되더라도 과식을 좀 했다. 닭다리 두 쪽, 돼지고기 스테이크 한 쪽, 과일과 이곳 특유의 아이스크림에 커피로 마무리를 했다.

오후에는 버스를 타고 프라야라고 불리는 해변에 가서 석양을 보았다. 쿠바의 석양은 우리의 가을날 석양과 비슷한 느낌을 준다. 태양은 유난히 붉고 주변 하늘은 푸르르다. 단지 태양이 어쩐지 더 크게 느껴지는 것이 내가 낯선 곳에 있다는 생경스러운 느낌을 자아낸다. 북회귀선을 따라 있는 나라라서 태양에 더 가까운 탓이리라.

7시쯤에 코코 택시를 타고 돌아와 카사델라 뮤지카에서 크리스털을 한잔하고 음악을 실컷 들었다. 이 도시의 음악은 쿠바의 다른 곳과는 달리 조금 더 소박한 느낌이다. 관광객이 없는 곳도 아닌데 아바나의 끈적임 대신 담백한 느낌을 주었다.

돌아온 민박집은 마치 텐트를 치고 야영하는 기분을 주어 색달랐다. 색다름이 지나쳐 도통 잠을 잘 수가 없을 정도였다. 개 짖는 소리, 오토바이 소리, 지나가는 사람들 소리가 마치 바로 옆에서 일어나는 일처럼 느껴졌다. 개가 몇 마리인지, 오토바이가 몇 대가 지나가는지 처량히 세지는 밤이다.

트리니다드는 동화 같은 도시여서 그냥 찍어도 그림이 된다.
그러나 그 그림을 더욱더 드라마틱하게 만들 수도 있다.
지나가는 행인, 자전거나 자동차와 같은 소품이 어울리면 풍경은 더욱 드라마틱한 느낌을 가지게 된다.

빛을 잘 이용하면 더욱더
깊이 있는 사진을 얻게 된다.
트리니다드의 파스텔 톤에 북회귀선의
뜨거운 태양이 드리운 그림자가 만나면
풍경은 입체감 있게 살아난다.

쿠바의 결혼식

아침에 민박집 주인 마리아나, 아니 내가 마리아나라고 생각했던 집주인에게 도저히 시끄러워 잘 수가 없었다고 집을 옮겨야겠다고 했다. 그런데 이게 무슨 말인가. 그녀는 자신은 마리아나가 아니라고 한다. 아니 그럼 마미가 소개한 집이 아니란 말인가? 그녀는 오히려 내게 마리아나의 집으로 가는 것이냐고 되물었다. 어안이 벙벙하다. 자세히 물어보니 마리아나의 집에 방이 없어 마리아나가 이 집 주인에게 부탁을 하여 그녀가 나를 맞은 것이었다. 그러니 이곳은 민박을 하는 집도 당연히 아니고 단지 부탁으로 내게 방을 내어준 것뿐이었다. 연유도 모르고 마미를 원망했으니 마미는 알지 못하겠지만 마미에게 미안해서 혼자서 혼났다.

짐을 가지고 어제 보아두었던 헤르마의 민박집으로 갔다. 이 집은 방은 다소 좁은 편이지만 거실과 부엌이 상당히 넓다. 화장실은 어제 그 집과 별반 다를 것이 없었다. 그런데 왠지 예술적인 냄새가 난다. 자유스럽고 독특한 사고방식이 인테리어에 녹아 있다. 나중에 알았지만 헤르마의 어머니가 글을 쓰신다고 한다. 나는 인테리어에도 관심이 많은 편인데, 어쩐지 사물의 위치나 여러 물건들이 우리 주인은 예술 하신답니다 하고 외치는 것 같았다.

짐을 풀고 있는데 밖이 시끌벅적하다. 옆집에 결혼식이 있었다. 가족들로 보이는 사람들이 집 밖으로 나와 사람들과 축하 인사를 나누고 있고 집 안에서 흘러나오는 신나는 음악에 모두들 흥겨운 표정이다. 신부가 집 안에서 신부 화장을 하고 있는 것이 언뜻 보였다. 신랑, 신부 모두 20대 초반으로 앳되어 보인다. 신랑은 신이 난 표정으로 분주히 움직이고 있다. 별로 할 일은 없어 보이는데도 한시도 앉아 있질 못하고 연신 움직인다. 그의 부산한 움직임에 행복과 기대가 묻어 나왔다.

조금 있자니 친구들이 경적을 울리면서 오픈카를 몰고 나타나 신랑과 신부 그리고 가족들을 태우고 사라졌다. 그러더니 순식간에 사람들이 흩어지고 결혼식은 끝이 났다. 왠지 혼자 남겨진 것 같고 내가 외지인이라는 사실을 새삼 확인한 것 같아 마음이 스산해진다. 나도 오픈카로 뛰어가 타고 갈 것을 그랬나 싶은 기분이 드는데, 이런 내 기분에 괜시리 웃음이 난다. 나는 쿨하고 냉정한 사람이 되고 싶은데 실상은 오지랖도 넓고 남의 일에 흥분도 잘하고 감동도 잘한다. 나의 지향은 쿨한 사람인데 실제로는 그냥 친근한 동네 아저씨이다.

골목골목 걷고 또 걷다

햇볕이 뜨겁다. 짐도 옮겼으니 조금 쉬어야겠다 싶어 책을 들고 집 앞 흔들의자에 앉았다. 지나가던 관광객들이 나에게 길을 묻는다. 영어로 묻는 이도 있고 스페인어로 묻는 이도 있고, 마치 현지인을 대하듯 길을 물어본다. 한 달가량 이곳에 있었을 뿐인데…… 수염 탓인가? 아님 샤워라도 다시 해볼까? 사람들의 그런 반응이 재미는 있었지만 몹시 의아했다. 이곳 사람들이 좀 지저분해 보이기는 하는데 지금 내가 그런가보다.

햇볕도 가라앉아 보이고 충분히 쉬었다 싶어 슬슬 남쪽으로 길을 나섰다. 쿠바인으로 오해를 받고 나서인지, 산책길이 언제나 걸었던 우리 아파트 단지 같다. 여행을 끝낼 시간이 다가와서인지 기분도 조금은 처진다. 아직 볼 것은 많지만, 집이 슬슬 그리운 것인지 체력이 다해가는 것인지 오고가는 사람들의 시선이 겉돌아 보인다. 바람만 귓전에 닿는다. 걷고 또 걸은 하루가 지나간다.

트리니다드 골목골목을 걷고 또 걷다가 플라스틱 컵에 담긴 맥주를 마시고 있는
젊은이들과 마주쳤다. 나도 갈증이 났다. 얼마냐고 물으며 한 잔 달라고 하니 옆에 있던
흑인 아가씨가 자기가 한 잔 사겠다고 한다. 기분 좋게 무리에 섞여 맥주 한 잔을
얻어 마셨다. 자그마한 창틀 사이로 돈을 받고 플라스틱 컵에 맥주를 담아 파는
골목 맥주지만, 시원하기는 그 어디에도 비할 데가 없었다.
시원하게 잘 마셨으니 이번에는 내가 한 잔씩 돌리겠다고 하니 그들의 얼굴에 상쾌한 웃음이
피어나고 분위기는 더욱 친밀해졌다. 그 순간을 놓치지 않고 셔터를 눌렀다.
서울에 돌아와 사진을 보여주니 왜 앞에 놓여 있는 자전거를 치우지 않고 이 상태에서
찍었느냐고 질문을 한다. 만약 이 젊은이들만 정식으로 카메라에 담고 싶어서 자전거를
치우고 옆에 있던 사람에게 조금만 옆으로 비켜달라고 주문을 했더라면 아마도
이들과 나 사이에 형성되었던 자연스럽고 친밀한 분위기는 다 사라져버렸을 것이다.
한 장 한 장의 사진이 소중한 것은 바로 그 순간 그 분위기를 담고 있기 때문이다.

트리니다드의 노인정에서 노인들이 차와 담소를 나누기도 하고, 바에서 술을 나눠 마시기도 하며 여유로운 시간을 보내고 있었다. 벽 안쪽으로 깊숙이 패여 들어간 쉼터 공간은 마치 이승을 떠나 저승으로 가기 전 잠시 머무르는 곳처럼 시간도 추억도 멈춰버린 다른 세계의 공간처럼 느껴졌다. 쉼터를 돌아나오니 문 앞에 의자 세 개가 완벽한 구도로 놓여 있었다. 아마도 노인분들이 이곳에 앉아 담소를 나누셨으리라. 카메라를 들고 걷다보면 일부러 연출해놓은 듯 구성이 완벽한 장면들을 종종 만나게 된다. 마치 보고 싶어하는 사람에게만 보이는 신기루처럼.

트리니다드의 동쪽 중심에 있는 성당은 고즈넉한 풍경이었다.
성당을 돌아나와 시내로 향하는데 성당 앞 동상 위에 소녀가 걸터 앉아 있었다.
마치 연출한 것 같은 아름다운 분위기에 반해서 재빨리 셔터를 눌렀다.

트리니다드의 골목 안에는 다양한 풍경들이 숨어 있었다. 아주머니들이 가내수공업으로 만든 식탁보를 골목에 펼쳐놓고 손님을 기다리고 있었다. 젊은 청년은 새장을 들고 다니면서 새를 팔았다. 일하러 나간 자식들을 대신하여 어린 손녀를 돌보고 있던 할머니의 얼굴에는 낯선 동양인에 대한 호기심이 가득했다. 야자수로 만든 공예품을 파는 아저씨는 멋스러운 포즈를 취해주었다. 아저씨들이 일하다가 중간에 잠시 휴식을 취하고 있었다. 그들은 모두 내 카메라를 거부감 없이 받아들여주었다.

시엔후에고스를 거쳐 다시 아바나로

아침 7시 45분발 아바나행 버스를 타려고 일찍 집을 나서는데 집주인 헤르마가 나를 붙잡더니 먼 길 가는데 레몬 주스나 한 잔 하고 가라고 한다. 별로 마시고 싶지 않았지만 일찍 일어나 준비해준 성의가 고마워 잔을 받아 마셨다. 잘 마셨다고 하며 일어서는데 1불이라고 한다. 아니 이런, 안 그래도 버스 시간이 빠듯한데…… 5불짜리밖에 없어 5불을 주니 잔돈이 없다고 한다. 나도 이젠 슬금 화가 난다. 가는 사람 붙잡고 하는 장사가 너무하지 않느냐고 항의를 했더니 조용히 방으로 들어가 4불을 가지고 나온다. 잔돈이 있으면서도 안 주려는 심산이었다.

이곳 쿠바 사람들은 슬쩍 한몫 챙기려는 행동을 자주 보인다. 사진 한 장 찍었을 뿐인데도 선뜻 1불, 어쩔 땐 2, 3불을 요구하기도 한다. 가난이 가져다준 습성이려니 싶어 이해하려고 하지만, 선뜻 줄 수도 없는 형편에 마음만 상하기 일쑤다. 특히 아바나에서는 그런 경우가 잦았다. 그러나 아바나를 벗어나서는 돈을 요구하는 사람은 없었다. 단지 즐겁게 포즈를 취해주고 사진을 보내줄 거냐고 물어보곤 했다. 그저 순박하고 심성 고운 사람들이었다. 꼭 보내주마 하고 주소들을 적어 왔는데, 가능하면 모두 보내주고 싶다.

그래도 헤르마는 문 앞까지 나와 잘 가라고 손을 한참이나 흔들어주었다. 그 모습을 보니 나는 또 슬그머니 화가 가라앉아 버렸다. 버스 정류장에서는 이태리 부부가 버스표 판매대에서 실랑이를 벌이고 있었다. 그들은 카드로 계산을 하려 하고 판매하는 사람은 카드를 받을 수 없다고 버티고 있는 것이었다. 쿠바에서는 신용카드 사용이 호텔이 아니고서는 되는 곳이 거의 없다. 미국에서 발행된 카드는 백 퍼센트 불가능하고 다른 국제 카드는 아주 아주 큰 호텔에서나 가능하지만 그다지 좋아하지 않는다. 나는 이런 정보를 미리 챙겨두었기에 쿠바에서는 전부 현금으로 해결을 했다.

실랑이를 벌이던 이태리 부부가 타고서야 버스는 출발했다. 아바나로 가는 도중 경유지인 시엔후에고스에 잠깐 내렸다. 이곳은 두어 시간이면 다 돌아볼 정도의 아주 작은 도시다. 시엔후에고스는 바다를 끼고 있어 곳곳에 보이는 작은 어선이 고즈넉함을 더하고 있었다. 우선 광장을 찾아가 주변의 식당을 둘러보았다. 쿠바는 스페인의 영향을 받아 도시마다 광장이 꼭 있다. 야외 식당이 있기에 그곳에서 점심을 먹었는데 그냥 평범한 수준이었다.

다시 버스 터미널로 돌아가 4시 55분발 아바나행 버스를 기다리고 있는데 창밖에서 한 흑인 남자가 나를 보고 손을 흔든다. 그런데 자세히 보니 내가 아니라 내 옆에 앉아 있는 금발의 백인 여성을 불러달라는 손짓이었다. 그녀에서 전해주었더니 확 달려서 그 친구에게로 간다. 사연이 궁금했다. 조금 후에 들어온 그녀는 눈에 눈물이 가득하고 얼굴에는 수심이 차 있었다. 사연을 물어보았더니 이곳에서 이틀을 같이 지낸 남자친구라고 한다. 바깥의 청년은 떠나는 그녀가 아쉬워 터미널까지 찾아온 것이다. 그런데 외국인들만이 들어갈 수 있는 버스 터미널 대기실이어서 그런 애타는 손길로 나에게 부탁을 한 것이었다. 이틀을 같이 지냈어도 눈물나는 사람이 있다. 하지만 쿠바에는 이렇게 여행을 왔다가 이곳 남자들과 결혼하고 눌러앉은 여자들이 자주 눈에 띈다. 쿠바 남자들은 주머니는 두둑하지 않지만 알 수 없는 매력이 있는 것이 분명하다. 여자들을 사로잡는 그들의 매력이 부러울 따름이다.

아바나로 돌아가는 길에 잠시 들린 시엔후에고스는 아주 작은 마을이었다.
동네를 둘러보다 작은 길로 접어들었는데 문이 열려 있고 집 안이 훤히 들여다보였다.
너무 궁금해서 스윽 들여다보니 안에 꼬마 자매가 나를 보고 놀라지도 않고 웃어준다.
사진을 부탁했더니 포즈도 취해준다. 순박해 보였다.

인사를 하고 돌아서려는데 자매의 엄마가 뒤쪽에 앉아 있던 동생의 손을 잡아 내 쪽으로 이끌었다.
내가 먼저 사진을 찍어준 소녀가 언니이고 뒤쪽 의자에 앉아 있던 소녀가 동생인데,
언니 사진을 찍어줬으니 동생 것도 찍어달라는 것이다. 뷰파인더 하나 가득 소녀의
수줍은 미소가 들어왔다. 두 소녀의 선한 눈빛과 잔잔한 미소가 닮아 있었다.

우리나라 시골에 가면 대문을 열어놓고 생활하는 것처럼

쿠바의 작은 도시에서는 사람들이 문을 열어놓고들 지낸다.

시엔후에고스는 작은 마을이어서 동양인을 보는 것이 무척 신기하셨나보다.

어찌나 궁금하셨던지 할아버지는 식사 도중

그대로 밥그릇을 들고 동양의 이방인을 내다보러 나오셨다.

시엔후에고스의 자그마한 공원.

공원 벤치에 앉아

꽃향기를 맡고 있는 소년의 모습에서

진한 무언가가 느껴졌다.

아바나를 떠나며

어제 늦게 아바나에 도착하여 오스카의 민박집에서 잠을 청했다. 타이티가 보고 싶었다며 다정히 맞아준다. 이사벨은 진짜 엄마인양 나를 안아준다. 꼭 내 집에 돌아온 듯 편하다.

아침 일찍 민박집을 나서니 집 근처에 장이 섰다. 우리나라의 시골 재래시장이나 다를 바 없는 풍경이 친근했다. 돼지고기를 손질하는 정육점, 토마토나 바나나를 파는 과일 가게와 꽃 가게가 사람들을 맞는다.

이런 풍경도 내일이면 마지막이다. 다시 돌아온 아바나는 활기가 넘치고, 올드 아바나 역시 과거로 돌아간 듯한 느낌을 주면서도 생동감이 이글거리고 있었다. 떠나기 싫다. 떠날 것을 생각하니 도시 곳곳의 풍경이 어찌나 안타까운지 연신 셔터를 눌렀다.

나는 무엇 때문에 그토록 이곳에 오고 싶었던 걸까? 나를 끌어당겼던 그 매력은 무얼까? 나와는 어떤 인연이 있기에 천리만리 이곳이 나를 그토록 불러댔던 것일까? 이미 쿠바에 왔는데도 나는 아무 답도 찾을 수 없고 오히려 질문만 더 만들어서 돌아가게 되려나보다.

나는 오늘 아바나를 떠나야 한다. 저녁 비행기를 타고 마드리드를 거쳐 집으로 돌아가게 될 것이다. 아침에만 느낄 수 있는 기운이 나를 기쁘게 한다. 아직 해가 밝아오지 않았다.

다시 올 수 있을까? 쉽지 않겠지. 이 여행이 쉽지 않았던 것처럼. 길거리에는 이제 "치노 치노" 하면서 부르는 친근한 얼굴도 많아졌는데…… 아쉬운 마음에 말레콘을 다시 찾았다. 바다를 향한 나의 인사는 셔터를 누르는 것. 시내 중심에도 인사를 해야지. 그래도 마음이 차질 않는다. 남아 있는 필름이 다 없어져야 미련도 사라지겠지 싶다.

민박집을 소개해준 마리엘라와 살사 선생 조지에게도 작별 인사를 했다. 잉글라테라 호텔 바에서 맥주 한 잔으로 한 달간의 쿠바 여행을 정리하고 있자니, 한 달이지만 참 많은 친구들을 만났다 싶다. 나는 이곳의 바다와 올드 아바나가 보고 싶었는데, 정작 이곳에서 가장 많이 셔터를 누르게 한 것은 역시 쿠바 사람들이었다. 내가 만났던 여러 곳의 사람들 중에서 가장 맑은 영혼을 가진 사람들이 사는 곳 쿠바. 거친 억양에서 묻어나오는 호기심 섞인 애정 표현, 혹 내가 길을 잘못 들까봐 연신 친절히 가르쳐주던 사람들, 수줍게 쳐다보던 시선들이 뇌리를 스친다. 이제는 1불을 외치는 소리도 마음 상하지 않게 자연스레 무시할 여유도 생겼는데, 이제야 당신들의 일상을 쳐다볼 만하니 돌아가게 되는군.

생각이 정리되지 않는 순간이다. 나는 이 순간을 언제나 오롯이 즐기기가 힘들다. 아쉬움에, 그리고 다시 볼 가족 생각에 멋진 마무리를 하지 못한다. 쿠바에서 느꼈던 느낌이 정리되지 않고 가슴 안에서 휘돈다. 이제 다시 나의 일상으로 돌아가 사진을 정리하면서 이곳에서의 시간을 음미해야지. 쿠바는 아름다웠다. 그리고 꼭 다시 보고 싶다. 너무 변하질 말기를 간절히 빈다.

Epilogue 도착, 그후

쿠바에서 돌아온 후, 한동안은 사진을 찍을 수 없었다. 쿠바 사진여행을 하면서 내 안에 있던 사진에 대한 에너지를 모두 발산해냈기 때문이다.

귀국 후, 사진작업만으로 반년이 훌쩍 지나가버렸다. 하루에 열 시간 넘게 암실에서 생활하는 고독한 시간들이었다. 내가 포착해낸 쿠바의 순간순간들을 온전히 드러내고 싶은 욕심에, 그 뜨거운 태양과 그 태양보다 더 뜨거운 정열을 품고 사는 사람들의 이야기를 전하고 싶은 바람에 내가 아는 모든 방법을 다 동원해 다양한 시도를 해보았다.

내가 본 쿠바를 인화지에 치환해내는 작업은 의외로 만만치 않았다. 현상에서부터 밀착인화, 사진 셀렉팅, 인화에 이르기까지, 모든 과정 하나하나 공을 들이고 혼을 다했다. 200롤 정도 되는 흑백필름을 일일이 손으로 현상하는 데에만 두 달이 소요되었다. 인화하는 과정은 더 많은 시간을 필요로 했다.

쿠바에 대한 꿈을 처음 꾸기 시작할 때부터 쿠바는 내게 기분 좋은 무채색의 톤으로 다가왔다. 다른

사진여행에 비해 흑백필름을 유난히 많이 챙겨간 것도 쿠바의 그런 느낌을 흑백톤이 잘 표현해줄 것이라는 생각 때문이었다. 그리고 인화지 베이스도 얇고 건조 시간도 빨라 작업하기 수월한 RC 인화지 대신, 인화지 베이스도 두꺼운 데다가 건조가 쉽지 않아 최소한 그늘에서 열두 시간 이상을 건조해야 하는 화이버 인화지를 선택한 것도 흑백톤의 색감과 계조를 정교하게 표현할 수 있기 때문이었다. 인화 과정에도 손이 많이 가다보니 하루에 열두 시간씩 작업해야 겨우 열 장 정도의 사진을 만들어낼 수 있었다. 그렇게 흑백사진 작업에만 6개월이라는 시간이 걸렸다.

쿠바의 말레콘, 쿠바의 바다, 쿠바의 골목길, 그리고 무엇보다 쿠바의 사람들…… 사랑하는 마음으로 찍은 사진들을 보면서 누군가 나와 같이 쿠바를 꿈꾸게 된다면 그보다 더 기쁜 일은 없을 것이다. 이제 나는 또 다시 혼자 카메라를 들고 사진여행을 떠난다. 혼자만의 사진여행은 지독한 외로움과의 싸움이기도 하지만 다시 짐을 싸서 떠날 때는 역시 혼자다. 그리고 아내와 연애하던 시절처럼 늘 마음이 설렌다. 이렇게 설레는 마음으로 사람들의 아름다움을 계속 카메라에 담고 싶다.